日本語を書くということ 声にして読むということ

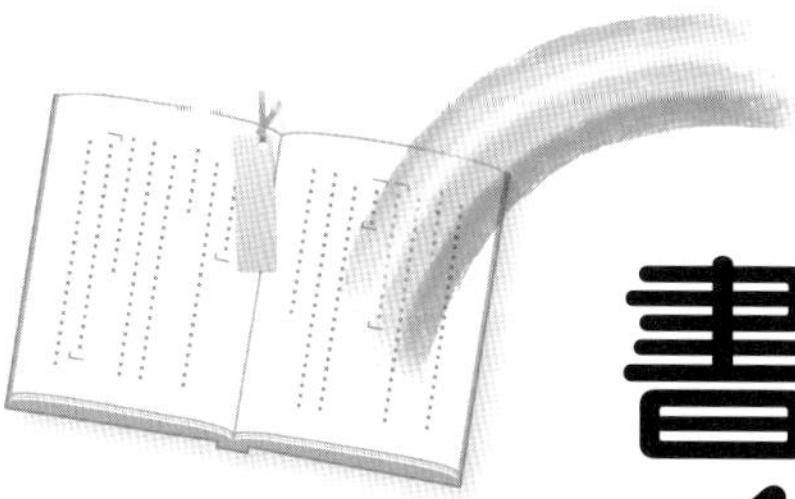

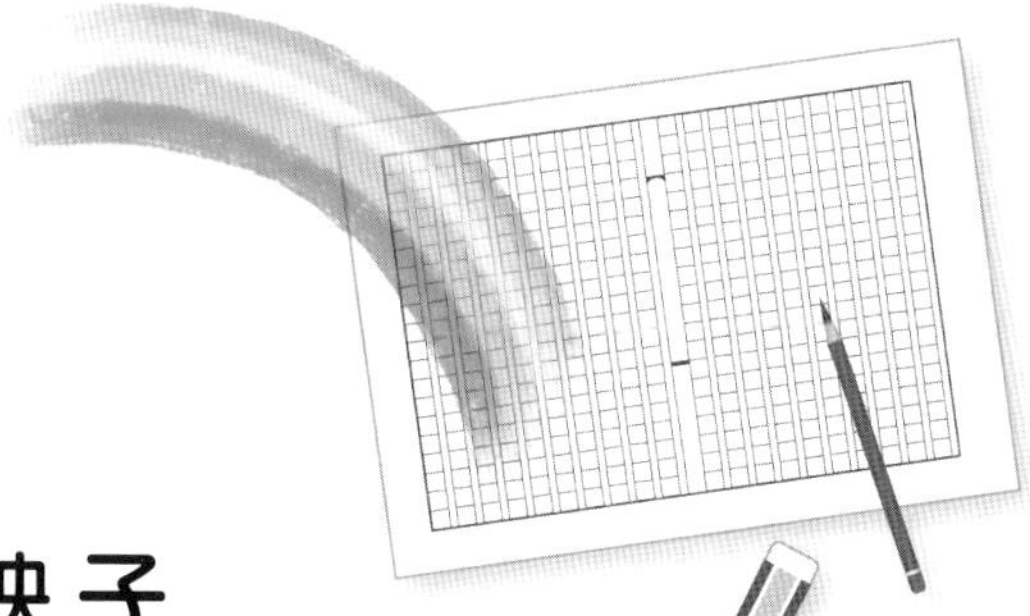

島　映子

文芸社

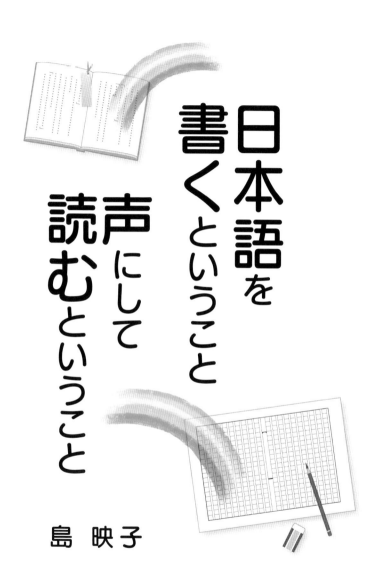

。そ
聞く」
・ア
間の

て残
代に
で表
て表
いう
至る
文字

もつ言語です。このことは、日本語の強みでもあり、また弱点でもあるわけです。近年増えている日本語を母語としない子どもたちをかかえるクラスの先生方はこのことに大変ご苦労なさっているのではないでしょうか。

グローバル化の進む今日、こうした日本語の書き言葉・話し言葉の長所・短所に、すべての日本人が（そのためにはすべての教師が）もっと自覚的になることが必要でしょう。日本語の口語としての特徴、話し言葉と書き言葉の違い、について少し学問的見地からも見直してみたいと思ったことで、この本を書くまでに少し時間がかかってしまいました。

前二冊とともに、国語・日本語を教える先生方、朗読を勉強している方々、そして国語大好き国語が得意をめざしている子供たちやお母さま方に、何らかのヒントを提供できれば、幸甚に思います。

目次

日本語を書くということ　声にして読むということ

第一章　小学生への書くことの指導

第一章は、私の教室や通信添削で行ってきた書くことの指導をまとめました。通信教育で子どもたちへ語りかけた原稿がありますので、それをそのまま生かしつつまとめてみました。の部分は、小学生が読んでそのまま勉強できる形をとっています。

作品例は、通級の子供たちの作品を年度末にまとめた文集から、お母さま方の許可を得て抜粋しました。（一部通信添削生のものもあります）

(1) 発見シリーズ

私自身、小学生の時、作文が苦手でした。何を書けばいいか、書くことを思いつかなかったからです。ですから、お教室での作文指導では、なるべく子供たちがすぐ書き出せるような形を取ろうとしてきました（話す・聞く・読む・書くにかけられる時間が週30分という教室の時間的制約もあったわけですが）。本当は、人を引き付ける題材を見いだす力、それが作文を書く上で一番大事なことであると考えています。そこで、作文指導の最初に、

「発見シリーズ」というのをやります。2年生です。作文をやる一カ月間、「毎週ひとつ新発見をしてきてください。お友だちの気が付いていないようなこと、（あれ？　そうなんだ）と思うようなこと、をみつけてきてください。そのことを作文に書いてもらいます」と予告しておきます。次の週に返すときに、おもしろいもの一・二点を読んでやると、お互いの参考にもなるでしょう。

　通信添削の指示では、シリーズではなく一回だけですので、以下のように季節感が感じられることを発見してもらうようにしています。

みなさんは、作文が好きですか。ちょっと苦手という人も多いかもしれません。実は、作文が得意な人は「みつけること」「発見すること」が上手な人なのです。読む人の立場になって考えてみればすぐわかることですが、みんなが言っているようなこと、もうよく知っているようなことを読んでも、ちっともおもしろくないのです。

「あら、気が付かなかったけれど、そう言われてみれば本当にそうだな」とか「私はそんな場面に出くわしたことはないけれど、そんなことがあったら、楽しいだろうな、つらいだろうな、うれしいだろうな……」というふうに、気づかなかったこと・知らなかったことが書かれているのを読んだとき、人は、「おもしろい」「読んでよかった」と思うのです。だから、作文でも詩でも、人が見逃しているようなことを見つける「目」、人とちょっと違った見方をできる「目」が大事です。

その「目」を養うために「春（夏・秋・冬）」を探しましょう。たんぽぽが咲いている？チューリップが咲いている？ そんなことだれだって気づいていますね。みんなが知らないことで、あなたが「春だなー」と思うことについて書いてください。

【作品例】

しっぽ　　　　2年　A. I.

草むしりの日、ぼくは虫を見つけました。とかげも見つけました。とかげであそんでいたら、しっぽがきれてしまいました。そして、きれたしっぽを見たら、うごいていました。びっくりしました。

いきものの力

2年　T.K.

さいしょ雪がふったとき、ぼくはおどろきました。その日のつぎの日に外を見たら、ほかのところは雪がいっぱいなのに、おとうさんがそだてていた花の上にあった雪がとけていました。ぼくは、なんでとけたかをかんがえていたらわかりました。おとうさんがそだてていた花もいきていて、その力でとかしていたことをみつけました。ぼくはすごいなと思いました。

(2) 描写ということ

今度は、自分が見たり聞いたり感じたりしたことを上手に人に伝えるということを勉強します。そのために重要なのは「描写力」です。上手に描写するためには、擬音語や擬態語を使う、様々な感覚を駆使する、ということが大事です。

これも通信講座では2の1で「おいしかった○○」、2の2で「古い○○」の2回ですが、教室では「私の好きな／きらいな音」「へんな○○」もやっています。

2の1　おいしかった○○、嫌いな音

人間は、五感といって、周りのものを感じる五つの方法を持っています。見る、聞く、匂いをかぐ、さわる、味わう、の五つですね。「見た」ものを伝えるのは一番やさしい、というか基本です。聞いた音、さわった感じなどは、見たものより少し伝えにくいかもしれません。でもこの辺は擬態語・擬声語などをうまく使えば、ある程度伝えられます。「匂い」と「味」が一番難しいかもしれません。今回は、これに挑戦してみてもらいます。

作文の題を「おいしかった○○」か「まずかった○○」にしてください。自分が今までに食べたものの中で「あの時食べたあれはおいしかったなあ」「あれはまずかったなあ」と印象に残っているものについて書いてください。といっても、これは案外難しいのです。ただ「とてもおいしかった」とか「まずかった」と書いても、どんなふうにおいしかったのか、読む人にはその「おいしさ」「まずさ」がちっとも伝わらないからです。「あまい」

「からい」「しょっぱい」「すっぱい」など味を表す言葉がいくつかあることはあります。でも、これだけでは、あなたが味わった「おいしさ」「まずさ」を、まだ十分に表せないだろうと思います。どうしましょうか。

以下のような三点を、ヒントにしてみてください。

①　比喩を使う。

比喩というのは、たとえていう言い方です。つまり「〜みたいな味」とか「〜のように甘ずっぱい」とかいう言い方を使うことです。

②　匂いや見た目を書く。

味そのものはなかなか書くことが難しいので、目で見た時のおいしそうな様子やおいしそうな匂いを書くことで伝えてみる、ということです。人は五感といっていろいろな感覚を持っていますからそれをフルに使うということです。

③　いつどういう時に食べたかを書く。

これはいつでも使えるという方法ではないのですが、場合によっては、この「いつ、どういう時に食べたか」がおいしさに関係してきます。寒い雪の日に外から帰って食べた「おしるこ」とか「おでん」、夏の湯上りに食べた「氷」や「アイスクリーム」、おなかがペコペコの時に食べた「何か」――そういうものって、おいしいですよね。そういう条件があるならば、その寒さやおなかのすいた様子を書くことが、読む人に「ああ、さぞおいしかったんだろうな」と感じてもらう手がかりになります。

【作品例】

おいしかったホットケーキ

6年　A.M.（通信生）

おえかきが終わって帰ってくると、よくおかあさんがホットケーキを焼いてくれます。卵色のホットケーキがふくらんでおいしそうなにおいがお部屋に広がります。焼きたてほやほやのホットケーキに、バターとハチミツをかけると、お腹ペコペコの私は、つばがいっぱい出てきます。

ふわっとして焼きめがこうばしく体全体がほかほかと温まる感じがします。

おかあさんと作るホットケーキは、とっても楽しく、買ったケーキよりおいしく感じます。寒い日の紅茶とホットケーキは特においしいです。

ぼくのきらいな音

3年　T.F.

汽車の止まるときのキーッていう音が、ぼくはきらいです。だれかが高い声でさけんだときのような音で頭がいたくなる音です。雨の日に、車が急ブレーキをかけたときにも、同じ音が聞こえます。耳がちぎれそうな気がします。

2の2　古い○○、へんな○○

「味わった」もの、うまく伝えられたでしょうか。今度は、五つの感覚のうち一つに限定しません。作文の題は「古い○○」です。「古い」様子はものによっていろいろです。「見た目」で古い感じがしているものもあるし、音が古い感じのもの、手ざわりが古くてすり切れた感じのするもの、古臭い匂いがするものなどもあるかもしれません。いろいろな感覚を使って感じとれた「古さ」をうまく工夫して伝えてほしいのです。「おいしさ」と同じように、「古さ」もただ「古い○○があった」と言っても、古さはあまりよく伝わらないのです。「古い」とか「おいしい」とか「くさい」とか――そういう言葉は、全体のまとめとしては使えても、そのことを実感してもらうためには、あまり役に立たない言葉なのですね。

「古い○○」について、比喩や擬態語などいろいろな表現を工夫して、いろいろな感覚を通して感じたことをなるべくそのまま伝えてください。そして、普通作文を書くときは、何か思ったこと・言いたいことがあるから書くので、その「古い○○」について思った、あるいは思っていることも、ひとこと付け加えて書いてください。

【作品例】

古い人形

3年　S. I.

小さいころに、遊んでいた、くまの人形がまだあります。少しほこりがついて、頭とかが少しきれていても、大事だからすてていません。ようふくの色もうすくなっていいます。テレビの上にかざってあります。きれてても、ほこりがついていても、いつまでも、大事にとっておきます。

へんな大根

3年　K.M.

前、ぼくの家の前の畑に、へんな形の大根がぬいてあった。そのへんな大根ていうのは、太くて、きゅうりの長い形をしていて、一番下にひげみたいな根が一、二、三本ついていました。ぼくが、今度その大根を見たら、なんだかおかしくて、前みたいにくすくすわらってしまうような気がします。

（3）組み立てを考える

「発見すること」「描写すること」の次に、「組み立て」すなわち文章の構成を学びます。

これは、通信講座で使っている教材で、教室では次の「お話を作る」の中で「起承転結」の組み立てを教えています。

「起承転結」という言葉を聞いたことがあるでしょうか。これは昔中国で詩を書くときの組み立て方からできた言葉ですが、広く文章の組み立て方の基本の一つとされています。

「起」は、出来事の始まり・起こりを書く。
「承」は、それを受けて話を先に進める。
「転」は、変化をつける。別の角度から見る。
「結」は、全体のまとめ。「起」のところとひびきあうように結ぶ。

今回は、この「起承転結」にそって書く練習をしてみます。

次のマンガの一コマ一コマを一文（マル一つ付くまでが一文）ずつで書き、全体が（四文で）まとまったお話になるように書いてください。

姿勢《しせい》がよくなるのよ
ねぞうがよくなるように

©植田まさし
蒼鷹社『コボちゃん』22巻より

マンガを見せないで、あなたが書いた4つの文を読んだだけでお母さんやお姉さんによくお話がわかるように書けたでしょうか。

こういうマンガ、4コママンガと言って、新聞などにも出ていますね。これは一コマ一コマがそれぞれ「起承転結」に当てはまるように描かれています。ですから、あなたが書いたお話も、それぞれマル一つまでが、「起承転結」に当てはまっているはずです。

「起承転結」というのが、少しわかってきましたか。それでは、今度はあなた自身のことをこの組み立てで書いてください。課題は「夏休みの思い出」です。今度は「起」「承」「転」「結」のそれぞれが一文ではなく、それぞれ一段落にしてください。段落の変え方、わかりますか。行を変えて、新しい行の初めの一マスをあけて、二マス目から書くのですね。

(4) お話を作る

学校で書く作文は、ほとんどが生活作文といったようなもので、ある偏りがあります。つまり一人称の文章しか書いていないのではないでしょうか。そこで、作文の3年目は三人称で書くことをやってみます。日本語は基本的に一人称主語を書きませんから、生活作文では、主語のない文が多くなります。でも、お話では誰がどうしたのかをはっきり書かなくてはいけません。といっても、「○○は、……」と「は」で始めると、主体が代わるまでは主語を書かなくてよくなります。「は」の提題の力は、異なる「△△は、……」が出てくるまで働くからです。こういった主語の扱いや「は」と「が」のニュアンスについて、母語話者である私たちは生活の中で自然に身に着けていることが多いのですが、やはり（「お話を作る」をやる4年生でも）多少修正が必要なところが出てきます。これから、母語話者でない親にそだてられている子どもや途中来日の子どもが増えてくると、こういった指導も意識的に必要になってくるかもしれません。

「お話を作る」シリーズでは、今まで勉強して来た「発見」「描写」「組み立て」ということを、再び評価という形で意識化していきます。毎回「アイディア」「表現」「組み立て」という3項目それぞれについてABC（必要に応じて+・−も加味して）の評価を付けて返します。この三つがそろったものが面白い良い作品だということを意識化したいと思ってやっています。

4の1　面白い発想（アイディア）

以下では、関係のない二つの言葉を何らかの形で結びつけて（その結び付けようとすることを発想のきっかけとして）、お話・面白い筋書きを作ってみてもらいます。教室ではこれよりも前に、「いつ・どこで・だれが・どうした」をそれぞれ別の紙に書いてもらい、折り畳んで、「いつ」「どこで」…ごとに箱に入れ、それぞれの箱から1枚引いてもらい、できた文を最初の一文としてお話を作る、というのもやっています。とにかく最初の1行が埋まると、なんとなく続きが書けていくものです。

これまで、「発見する力をつける」「描写力・表現力をつける」「きちんとした組み立てで書く」という書くことの三つのポイントを、身の回りの出来事を書く形で勉強してきました。今度は「お話を作る（創作）」という形で三つのポイントを勉強していきます。最初は、「発見する力」ですから、面白い筋書きを発見してみます。頭や心を自由にのびのびと活躍させて、普段ちょっと考えつかないようなことを考えてもらおうと思います。

そのきっかけとして、メモ用紙のような小さな紙一枚に一つずつ、物の名前（えんぴつとか、ヘビとか、じゃがいもとか）を書いて四つ折りにしたものを箱か袋に入れます。（同じ種類のものを二つ書かないようにしてください。たとえば「にんじん」を書いたら野菜や果物はもう書かない、「帽子」と書いたら身に着けるものは書かないという風にです。）このメモ用紙がたくさん入った箱か袋の中から、一人2枚を引きます。くじ引きの要領です。そして、たとえばそれが「タコ」と「スニーカー」だったら、「タコとスニーカー」が出てくる面白いお話を考えてみてください。読んだ人が「なるほど」と思うと同時に、「へー、そんなこと思いもつかなかった」という意外性があるといいですね。読む人にも新発見になるような、おもしろいすてきなお話を発見してください。

【作品例】

てるてるぼうずとカラス

4年　Y. H.

ある日男の子が、明日が運動会なので、てるてるぼうずを作った。男の子がてるてるぼうずを、外にかけようとまどを開けたら、小さなカラスがいた。てるてるぼうずをかけようとしたらいきなりその小さなカラスがおそってきた。そして、てるてるぼうずをくわえてにげていってしまった。男の子は、言った。

「あーあ、明日は雨だな。」

その夜ねむれなくて目を開けたら、あの小さなカラスが目の前にいた。カラスが言った。

「てるてるぼうずがいっぱい。」

そしてなぜかすぐ男の子は眠ってしまった。

運動会当日なぜか晴れだった。

そして男の子の百メートル走。男の子は、足がおそいので毎年ビリだけどいつも運動会を楽しみにしている。スタート位置についた。

「よーいスタート。」

やはり、スタートからビリだった。しかし、前にあの小さなカラスと、てるてるぼうずが何こもいる。

「ガンバレーガンバレー。」

あの小さなカラスとてるてるぼうずたちが、おうえんしている。だから男の子はがんばって走った。風のように速い。どんどん男の子がぬく。一番の人も追いぬいて、一着でゴール。

　男の子は、

「ありがとう。」

とさけんだ。

　小さなカラスたちの声がした。

「どういたしまして。」

だが、男の子の前には、小さなカラスたちはいなかった。

4の2　描写を生き生きと

「お話を作る」シリーズ第二弾は、「描写を生き生きと」というのがねらいです。

頭の中に思い浮かんでいる場面、情景を読んだ人の頭の中にも生き生きとよみがえらせるような書き方を工夫しましょう。

たとえば、「夕焼けがきれいだった」と書いてあっても、読んだ人の頭の中には、ちっとも「きれいな夕焼け」は浮かんできません。まわりの山や木や湖がどんなだったか、人の顔はどんなふうに見えたか、空の色はどの辺がどんなだったか……そういうことを書いて初めて、読む人の頭の中に書き手が思い浮かべているのと同じ情景が浮かんできます。そうすれば「きれいだ」なんて書かなくても、「きれいだな」と読む人が自分で感じてくれるわけです。この方が、たくさんのことを生き生きと伝えられます。これを「描写」というのですね。説明するのではなく生き生きと描写する、つまり様子を書くことで、読む人にも感じてもらえるように工夫してみましょう。

課題は、「青い空を赤い風船がとんでいく」です。この文を書き始めの文にしてください。題は別のものをつけても構いません。どこから来てどこへ行く風船でしょうか。どんな人が持っていたのでしょう。赤い風船を見たつもりになって、いろいろ想像してみて、お話を作ってください。そして、思い浮かべた場面を生き生きと描写してみてください。

【作品例】

赤い風船　　　5年　A. I.

青い空を、赤い風船が飛んでいる。女の子が初めにもっていて、まちがえてとばしてしまったのかな。広い空をゆっくりとんでいてそのうち森に入っていった。

森には、

「カーカー。」

とカラスがとんでいた。もしかしたら、カラスが風船を口ばしでつっついてしまうかもしれない。もしそうなったら風船がわれてしまう。だから風船がとんできたら、せんぷうきをかけて、森とははんたいの方へとばしてみたいと思った。

でも、その必要はなくなった。カラスがどこかへとんでいったのだ。風船はカラスにわられなくてすんだ。安心していたら、女の子が一人走ってきた。あの風船の持ち主だろう。

一時間たってみると、風船が木にひっかかって、女の子が泣いていた。やがて風がふいてきて、風船が枝からするりととれた。と同時に風船のガスが少し抜けて下におちてきた。そこを私がとって女の子にわたした。そして終わったのであった。

4の3　組み立てを考えて

「お話を作る」シリーズ第三弾は、「組み立てを考えて書く」です。

課題は「王様が坂道を登っていきました」です。また、これを最初の文にして、お話を作ってください。題名は別につけて構いません。

「王様が坂道を登っていきました」――これを読んで、どんな様子が浮かんできますか。その場面を思い浮かべてみましょう。どこから来て、どこへいくのか、何のために坂道を登っているのか、などと考えるとスラスラと出てくるでしょう。また、王様の着ている服、顔かたち、ほかに登場させたらおもしろそうな人や物などいろいろ考えてみてください。

今回は、ただ様子を思い浮かべて書くだけでなく、何が起こって、どうやって、どうなったか、という話の流れに気を付けて書きましょう。「話の流れ」つまり「すじ」がないと、読んでいる人は、何のために何を知ろうとしているのかわからなくて、あまり面白くありません。お話を作る場合どうしてもそういう「すじ」（ストーリーとも言いますね）が必要です。いつ、どこで、誰が、どうなって、それに対してどういうことをして、最後にどうなったか、というようなことです。ここで、（3）で勉強した「起承転結」というのを思い出してみてください。お話を作る時も、4コママンガと同じようにこの「起承転結」に当てはめて「すじ」を作っていくと、うまく面白くまとまるはずです。書き出し、発展、変化、結末、というふうに、段落も四つに切って（つまり行替えをして）書いてください。

「王様が坂道を登っていきました」の作文は、通信生しかやっていないので、手元に残っていませんでした。お教室では、「組み立てを考えて書く」も「くじ引き方式」か「いつ・どこで…方式」で書いてもらう中でやっていますので、その中から、作品例を挙げます。

【作品例】

きょうりゅうとハンドベル

4年　K.F.

此の町には、サトルという男の子が山の近くの家に住んでいました。サトルは、学校から帰って来たらいつも、すぐそこの山に行って遊んでいました。

サトルがあなほりをしていると、かたい物がツメに当たって、サトルは気になってほりだして見ました。それは、きょうりゅうのほねでした。その近くにハンドベルがうまっていましたので、それもほり出して見ました。するとサトルの前にタイムホールが現れました。サトルは、ハンドベルを持ったまま、おそるおそる近づいて行きました。タイムホールにサトルの指がふれたそのしゅんかん、サトルはタイムホールにのみこまれました。

サトルが目を覚ますと、そこには、ビルや家は何にもありませんでした。サトルは、立ち上がり、しばらく歩いていきました。すると大きなうなり声がしました。サトルは、おどろいてそこに立ち止まり、ふりむいて見たら、そこにはきょうりゅうがいました。サトルは、びっくりして思わず手に持っていたハンドベルを投げました。それは、きょうりゅうの口の中に入ってしまいました。ハンドベルが当たっていたかったのか、きょうりゅうがおこっておそってきました。サトルが走ってにげると、すぐそこにタイムホールがありました。サトルがタイムホールに飛び込むしゅんかん、きょうりゅうの体の中からきれいな音がしました。

サトルは元の時代にもどってくると、きょうりゅうのほねを持って家に帰り、有名になったそうです。でも、きょうりゅうのそばにうまっていたハンドベルのことは、だれにも言いませんでした。

(5) 意見文

5年生では、意見文の書き方を勉強します。そろそろ論理的にものを考えることができるようになる年代だからです。論理的にものを述べるには、帰納的な述べ方と演繹的な述べ方があります。帰納・演繹という言葉は難しいので、帰納的な述べ方の意見文を「たとえば作文」、演繹的な述べ方の意見文を「なぜなら作文」と呼んでいます。ちょっと背伸びをしたいクラスの雰囲気の場合は、最後に、「たとえば作文」みたいに例をいろいろ挙げてそこから結論を出すことを、ちょっと難しい言葉で「帰納」、「なぜなら作文」のように結論が先にあってどうしてそうなるかを考えるやり方を「演繹」というんだよ、ということも言ってみたりしています。

5の1　たとえば作文

みなさんは、意見文は書いたことがないかもしれませんが、クラスで何か決めるときなど、「こうしたらどうでしょう」という意見を言ったことはあるでしょう。その「私はこうした方がいいと思う」とか「私はこういう考えに賛成です」とかいう意見を、話す代わりに書いて説明したのが意見文です。新聞に投書欄というのがあるのを知っていますか。あそこに載っている投書は大体が意見文です。

さて、意見文の書き方の勉強です。まず、次の材料メモを見てください。そこに並んでいる材料からどんなことが言えるでしょうか。材料メモに書かれていることからいえる意見を一文の形で原稿用紙の1行目に書いてみてください。

材料メモ

・道路でキャッチボールをすること。
・横断歩道でない所をわたること。
・信号が赤なのに、わたること。
・自転車に二人乗りすること。
・道いっぱいに広がって、おしゃべりをしながら歩くこと。

どうなりましたか。「交通ルールを守らないと危ない」そんな文ができたでしょうか。

こんなふうに自分の言いたい意見を一文にまとめたものをトピック・センテンスといいます。

では、このトピック・センテンスを最初の文として２００字位で作文を書いてください。

危ないなと思ったことに出会った自分の経験があれば、それを使って書くのが一番ですが、そういう経験がない人は、材料メモの中のいくつかのことを使ってもいいです。

【作品例】

交通ルールを守ろう　6年　N.K.

交通ルールを守らないと危ない。

最近ぼくが自転車に乗りながらよそ見していたら、前から来た自転車にぶつかってしまい転倒してしまいました。運よく傷はありませんでしたが、運が悪かったら大けがになることもあると思います。こういうことにならないように、ふだんから身のまわりに注意しながら、交通ルールを守りましょう。

200字の作文、書けましたか。それでは、「交通ルールを守らないと危ない」という文の次に何かつなぎ言葉（接続詞）を入れるとしたら何が入りますか。

そう、「たとえば」ですね。こういうふうにトピック・センテンスを初めに書いて、次に「たとえば」でつないで書いていくのが意見文の一つの書き方です。

5の2　なぜなら作文

もう一つの意見文の形を勉強します。

まず、トピック・センテンスを「駅のホームは禁煙にした方がいい」にしてください。原稿用紙の1行目にこれを書きます。さて、次にどう続けますか。何というつなぎ言葉が入ると思いますか。

そう、つなぎ言葉は「なぜなら」です。「なぜなら」でつないで、200字の作文を書いてみてください。（禁煙の場所は、「駅のホーム」から時代と共に「道路」や「レストラン」に代えて来ました。）

【作品例】

レストランは禁煙に

5年　K.N.

レストランは全部禁煙にすべきです。

なぜなら、タバコをすっている人が吐きだしたけむりのせいで、食事中の人が気持ち悪くなって食べる気がなくなってしまったりして、めいわくになってしまうかもしれません。タバコのけむりのアレルギーの人などがいるので、大変なことになってしまうかもしれません。

タバコは、体にも悪い影響があるので、やめた方がいいと思います。

なので、レストランは全部禁煙にしましょう。

5の3　比べてみると作文

5の1と5の2で、〈たとえば作文〉と〈なぜなら作文〉の二つの意見文の書き方を勉強しました。基本的には、意見文は、このどちらかの形で書けるものです。

ですが、もう一つ少し変わったパターンの意見文を書いてみたいと思います。トピック・センテンスは「動物園の動物と野生の動物では、（動物園／野生）の動物の方が幸せだ」です。つまり、二つのものを比べてみて、こちらがいい、という意見を書くものです。この場合、この点では動物園はこうで野生はこう、次のこの点では動物園はこうで野生はこう、というふうに、いくつかの項目を考えてみて、それで結局全体としてみると、こっちがいい、というふうに結論を書いていくことになります。ですから、少し長くなります。最初にトピック・センテンスで一段落、次に本文として二つか三つの段落、そして最後に結論（トピック・センテンス）をもう一度書く段落というふうに四つか五つ位の段落で書いてほしいのです。

真ん中の本文の部分は、「食べ物については」「○○については」と項目ごとに1段落にしていくやり方（①）と、「動物園の動物は…」「野生の動物は…」という段落にしてそれぞれの段落の中で有利な点と不利な点を書いていくやり方（②）があります。どちらの場合も、気を付けてほしいことは、自分が言いたい意見の方を後ろに持ってくるということです。というのは、読み手にとっては最後に言われたことが印象に残るし、結論と受け取られるからです。

たとえば、①の書き方で「野生動物の方が幸せだ」と言いたいのであれば、野生動物の方が有利だと思う項目の段落は後ろの方に持ってきます。しかもその段落の後ろの方で、野生動物の有利な点を書くのです。そうすると、野生動物の有利な点が最後に聞き手の印象に残ります。②の書き方の場合、前半の「動物園の動物は…」の段落は有利な点を先、不利な点をあとに書きます。後半の「野生の動物は…」の段落では不利な点を先に少し書いて、有利な点を最後にしっかり書くわけです。

もちろん「動物園の動物の方が幸せだ」で書くのであれば、全部逆になります。ちょっとややこしいですが、わかりますか。

では、〈比べてみると作文〉書いてみてください。

〈比べてみると作文〉のように長くなるものでは、最初と最後の両方にトピック・センテンスを書いた方がわかりやすいです。一般に説明的・論理的な文を書くときは、序論・本論・結論という三部の組み立てがわかりやすいとされています。お話の場合の「起承転結」の四部構成と違うので、自分が書こうとしている文章にあった組み立てを選んでくださいね。

【作品例】

動物園の動物と野生の動物ではどちらが幸せか

5年　K.S.

動物園の動物と野生の動物では、動物園の方が幸せだと思う。

なぜなら、野生の動物では、動物園のようにえさがもらえないので、が死してしまうと思う。あと弱い動物は、強い動物に喰われてしまったりするかもしれない。

一方、動物園の動物は、えさももらえるし、来た客にかわいがられるし、その上弱い動物でも強い動物に喰われないし、設備も整っている。

だから、動物園の動物の方が幸せだと思う。

動物園の動物と野生の動物

6年　A.F.

動物園の動物と野生の動物とでは、野生の動物の方が幸せだと思います。

野生の動物はねらわれてしまい、命を落とすこともあるかもしれません。動物園では敵がいないから、安心して生活できるかもしれません。

でも、ストレス面を考えると、動物園ではおりの中に日中入れられて、見せものにされるけど、野生では自由に生活でき、周りの視線を気にすることなくゆっくり過ごせて、ストレスもたまりません。

食べ物は、動物園では一種類しか食べさせてもらえないけれど、野生では好きな物を食べられます。

こうやって比べてみると、野生動物の方が幸せだと思います。

(6) 文章の目的と書き方

同じようなことを扱っていても、文章はその目的や場面によって書き方が違います。こうした目的による書き方の違いを勉強します。そのために、わざと同じ題材で違う目的の文章を書いてもらいます。

6の1　レポートと鑑賞文

ミレーの「落穂ひろい」という絵とミレーについての記述のある事典のページをコピーしました。これを素材として、レポートと鑑賞文を書いてみましょう。

まず、レポートです。みなさんは、社会科で調べ学習や発表をしたことがありますか。あなたは、あるいはあなたの班は、これについて調べてくる、というふうに分担して調べてきて、自分が調べてきたことをクラスのみんなの前で発表するのです。その発表をする代わりに書いて伝えるのがレポートだと思ってください。そのレポートの課題で「ミレーの落穂ひろい」があなたに当たったと考えてください。隣の班は「ミケランジェロの最後の審判」についてとか、その隣の班は「セザンヌの水連」についてとかが当たっているという感じです。

素材の絵と事典のコピーを見て、それについてわかったことをまとめます。ただし、発表ではないので、絵のコピーそのものを見せるわけにいきません。そこで、絵自体についてもどんなものか、写真の描写などで勉強したこと（注1）を生かして、見たことがない人にもイメージがわくように説明してください。

次に鑑賞文を書きます。鑑賞文というのは、何か芸術作品を味わって、その味わいを書いたものです。音楽などで鑑賞文を書いたことがあるかもしれません。ここでは絵です。「落穂ひろい」という絵の味わいを書いてくれればいいわけです。どんな絵で、見ていてどういう感じがするか、どういうところに良さがあるかというようなことを書いてください。

注1　風景写真を見て、その景色を文章でわかるように描写する練習は、通信講座でのみ入れていました。

【作品例】

レポート：ミレーの「落穂拾い」

6年　Y.M.

ミレーは、フランスの画家で、農民生活が主題の作品を残しています。主な作品は、「落穂拾い」や「晩鐘」です。

この「落穂拾い」は、農民のおばさんが三人で、麦をかったあと落ちた穂を拾っている絵です。書いたのは1856年で、フランスにあるオルセー美術館に所蔵されています。

鑑賞文：ミレーの「落穂拾い」

この絵は、農民の女の人三人が、麦をかったあとの穂を拾っている所です。絵を見てまず感じられるのは、全体に黄色を使っていて、秋の夕方だということ。かげなども、まるで写真を見ているようです。さらに、顔を見せていないのに、女の人の苦しそうなのが伝わってきます。また、こしがいたそうなのに落穂を拾っているから、自分たちが生きるために精いっぱいなんだということが伝わります。

6の2　観察記録と随筆

今度の題材は花、植物です。同じ植物を題材にしても、観察した植物の特徴をまとめる観察記録と、その植物への思いや、その植物にまつわる思い出を書く随筆とでは書き方が全然違います。それはその文章を書く目的が違うからです。できれば、同じ植物（ユリならユリ、カーネーションならカーネーション）を題材にした方が、なお違いがはっきりするかと思いますので、先に随筆を書いて、それからそこに出てくる植物一つの観察記録を書いてみるとよいでしょう。

随筆は、その花にまつわる思い出を書いてもよいし、なぜその花が好きかというようなことでもよいのです。こちらは事実を伝えるよりも、思いを伝えるものであるということです。思いを伝えるのにその花の描写があった方がいいという場合もあるでしょう。ただ、その場合の描写は、（植物としての特徴ではなく）その時のその花の様子や美しさになるでしょう。

観察記録の方は、その植物をよく見て（観察ですから）他の植物と違う特徴やその植物の種類に特徴的な様子をとらえて、わかりやすく書いていくことが大切です。「見て書く」で勉強したこと（注2）を参考にして、まず全体の特徴、それから葉、茎、がく、花、そして花の中というふうに全体から部分へという順序で観察していきましょう。箇条書きの形をとってもかまいません。

注2　通信添削では、「見て書く」として描写の練習を、絵はがきなどを使ってやることもあります。初めに全体像を、そして「手前から」とか「左から」とか一つの方向に順序よく、伝えることなどを指導しています。

【作品例】

パンジーの観察記録　　6年　T. I.

全体の高さがあまりない。6㎝位のくきがのびて、がくの手前で曲がって花が縦になって咲く。

花の色はむらさきと黄色と白。花びらは、6枚あり、上に2枚、真ん中に2枚、下に2枚。上の2枚がむらさき、真ん中の2枚がむらさきと白、下の2枚が黄色とむらさき。

葉の部分は、丸っこく、まわりがもくもくしている雲のようだ。すじがたてに1本となかめにたくさんある。

土に近い所から3cm位のじくが四方八方に出て、その先が葉になっている。

パンジー

ぼくは、パンジーが好きです。理由は、五年生と六年生の時育てて、うまく咲いたからです。それから、咲いたら長い期間咲くから好きです。それに、小さくて持ち運びが楽だから、好きです。色は、白や黄色やむらさきの花がありますが、ぼくは、黄色が好きです。黄色は、とても明るい色だからです。

またいつかパンジーを育ててみたいと思います。

（7）感想文の指導

自宅でやっているお教室では、夏休みに個別指導の形で読書感想文を指導してきました。でも、20年以上やって分かったことは、集団でもつまり学校でも、同じように指導できるのではないか、ということです。

その手順を紹介します。

①　課題図書の中から好きな本を選んで読んでくる。

②　作品それぞれの記述式読解問題（ただし感想文を書くことを想定し、その材料になるようなことを織り込んだ）を、各自やる。

③　読解問題で書き足りない、あるいは考え足りないところがあれば再考させる。

④　読解問題〈の答え〉をどうつなぐか、書く順番を入れてやる。

⑤　番号順に読解問題の答えをつないで（必要に応じて言葉を補い）、文章にする。

⑥　読書感想文として、足りないことがあれば足し、つながり具合のおかしいところを修

正する。

⑦　清書をする。

大体の手順は以上です。

目を通して、先生方はすでにお気づきでしょうが、第一のポイントは「問題」です。まず、あらすじやお話の重要な点を正しく把握しているか確認できる設問がいくつか必要です。そして登場人物の人物像や行動への感想を引き出すような設問、作品のテーマについての意見、そのほか印象に残ったことや一番感じた事などを聞く設問を入れておくと思いもよらぬ感想が出てくる可能性もあります。

第二のポイントは、番号を書きこむ段階です。低学年で力の足りない子の場合は、あらすじ確認の設問の答えをつないでいき、ところどころに感想を入れる、という形になるように番号を振っていき、最後に一番心に残ったことを入れるということで、一応感想文の体裁は整います。高学年になるに従って、一番心に残ったことの方を中心に持ってきて(「一番心に残ったこと」→「なぜ」「どんなふうに」など、の順)、あらすじは必要最低限にするよう指導していきます。

私の教室では、同じ本を何冊もそろえることはできなかったので、それぞれ違う作品で書きましたが、学校でしたら、教科書に載っている作品でも同様にできると考えます。同じ手順でやっても、感想文は同じにはならないはずです。むしろ他の人が書かないオリジナリティのある作品を評価することで、どういうものが要求されているかが、多くの生徒にわかりやすくなると思います。あるいはグループで回し読んで推薦作を決め発表するなどの活動を通して、どんなふうに書くのが良いか全員の理解を深めることもできるのではないでしょうか。

以下に作品例を挙げますが、実は、清書した完成稿は夏休み明けに学校へ提出するように言っているので、残っていません。ファックスでやりとりしたものなど残っているもので、指導過程がなるべく見えるものを三作かろうじて見つけて掲載しましたが、完成度やレベルはかなりばらつきがあります。また、一作品に付き、問題、修正前、修正後を載せていますが、実際、手元にあるのは修正前稿に私の赤ペンが入ったものです。ただ、一応完成形と見られるものがあった方が見やすいかと、あえて修正を形にしたものを修正後として載せています。（複数の修正前稿を一つにまとめたり、残っている最後の稿を修正後としたものもあります）

【作品Ⅰ　設問と解答】

『あめんぼが飛んだ』

Ⅰ　アメンボは、どうやって水の上にうくことができるのですか。
②　体がかるくて、足がぬれにくいから。

Ⅱ　水めんでくらすことは、なぜアメンボにとってつごうが良いのでしょう。
③　えさがつかまえやすいから。

Ⅲ　体にごみがつくと、アメンボはどうしてこまるのですか。
④　ごみが体につくと、おぼれてしまう。

Ⅳ　アメンボについて、前から知っていたことと、この本であたらしく知ったことはどんなことですか。
⑤　知らなかったこと…水の上に浮かぶ理由
アメンボのたまごは白く、1・25ミリくらい
きもんというはらのところにあるオレンジ色のところ

でいきをしている。

Ⅴ　この本を読んでおもしろいなと思ったことや、ふしぎだなと思ったことを書きましょう。

⑥　あめんぼが、5回も皮をぬいで大きくなるとは思ってもみませんでした。
水面で皮をぬいでも、なぜおぼれないのかなあ。
なぜ、足だけは水にぬれてもだいじょうぶなのかふしぎだ。

Ⅵ　そのほかこの本を読んで感じたこと。

⑦　ぼくもあめんぼみたいに水面をじゆうに楽しくうごきまわりたいな。

①なぜこの本を読もうと思ったか　→　②③④⑤⑥⑦の順で感想文に。

【作品Ⅰ　修正前】

『あめんぼがとんだ』を読んで　3年　M.S.

ぼくがこの本をえらんだのは、あめんぼを二匹できょうそうさせたりして、あそんだとき楽しかったからです。ぼくは何回もあめんぼをつかまえたことがあります。

ＡＢあめんぼが水の上にうかぶ理ゆうは、Ｃ体がかるくて、足がぬれにくいからです。Ｄ

あめんぼが水面でくらすのがべんりなのは、えさをとるとき、えさをつかまえやすいからです。その理ゆうは、ハエやカは、水面に落ちたら、とんでにげようとしても、はねがぬれてとべないから、つかまえやすいのです。どうして、虫が落ちてきたかわかるかというと、虫が落ちてくると、水面がゆれるので、虫が落ちてきたとわかるのです。でも、Ｅわるいこともあります。それは、ごみが体につくことです。ごみが体につくと、いくら体がかるくても、おぼれてしまうからです。

〈あめんぼからみると、光が水面にはんしゃしていてもまぶしくありません。ぼくもそういうふうな目

（黒字部分は、本人の設問への解答からとっています。）

Ａ　この前、雨がふった後、

ａｂｃ

Ｂ　ぼくは、あめんぼがとぶことはしっていましたが、

Ｃ　知りませんでした。それは、

Ｄ　それから、あめんぼが、5回も皮をぬいで大きくなるとは思ってもみませんでした。水面で皮をぬいでも、なぜおぼれないのかなあ。

があったらいいなあと思います。〉↓Gへ
b〈ぼくは、前あめんぼを友だちといっしょにいっぱいつかまえました。〉そのとき、つかまえた場所はちゅう車じょうです。a〈ちゅう車じょうの水たまりに、あめんぼが二、三十ぴきいました。〉c〈とてもむちゅうだったので、足がびちゃびちゃにぬれてしまいました。〉↓Aへ

あめんぼのたまごの色は白くて、1・25ミリくらいのありのたまごの小さいようなたまごです。あめんぼは生まれたばかりは白い色です。

あめんぼは、ぼくたちとちがって口でいきをしているのではなく、きもんというはらのところにある、小さなオレンジのところでいきをしています。―F

G

H

E　水面でくらしていると、
F　るそうです。だから、きもんに水がついておぼれないように、持って帰る時は水を入れずに、ぬれた水草かティッシュをいれるそうです。この前、たくさんつかまえた時、家についたら二、三びき死んでいたのは、そのせいかなと思いました。
H　ぼくもあめんぼみたいに水面をじゆうに楽しくうごきまわりたいな、といつも思っています。

【作品Ⅰ　修正後】

『あめんぼがとんだ』を読んで

3年　M.S.

ぼくがこの本をえらんだのは、あめんぼを二匹できょうそうさせたりして、あそんだとき楽しかったからです。ぼくは何回もあめんぼをつかまえたことがあります。この前、雨がふった後、ちゅう車じょうの水たまりに、あめんぼが二、三十ぴきいました。ぼくは、友だちといっしょにあめんぼをいっぱいつかまえました。とてもむちゅうだったので、足がびちゃびちゃにぬれてしまいました。

ぼくは、あめんぼがとぶことはしっていましたが、あめんぼが水の上にうかぶ理ゆうは、知りませんでした。それは、体がかるくて、足がぬれにくいからです。

それから、あめんぼが、5回も皮をぬいで大きくなるとは思ってもみませんでした。水面で皮をぬいでも、なぜおぼれないのかなあ。

あめんぼが水面でくらすのがべんりなのは、えさをとるとき、えさをつかまえやすいからです。その理ゆうは、ハエやカは、水面に落ちたら、とんでにげようとしても、はねがぬれてとべないから、つかまえやすいのです。どうして、虫が落ちてきたかわかるかというと、虫が落ちてくると、水面がゆれるので、虫が落ちてきたとわかるのです。でも、水面でくらしていると、わるいこともあります。それは、ごみが体につくことです。ごみが体につくと、いくら体がかるくても、おぼれてしまうからです。

あめんぼは、ぼくたちとちがって口でいきをしているのではなく、きもんというはらのところにある、小さなオレンジのところでいきをしているそうです。だから、きもんに水がついておぼれないように、持って帰る時は、水を入れずにぬれた水草かティッシュをいれるそうです。この前、たくさんつかまえた時、家についたら二、三びき死んでいたのは、そのせいかなと思いました。

あめんぼからみると、光が水面にはんしゃしていてもまぶしくありません。ぼくもそういうふうな目があったらいいなあと思います。

ぼくもあめんぼみたいに水面をじゅうに楽しくうごきまわりたいな、といつも思っています。

『ほのおの無人島』

Ⅰ　ハーリーが、キャンプにあまり気が進まなかったのは、なぜですか。

①　予告なしで急に言われたから。

ハーリーは夏休みに何をしたかったのですか。弟といっしょに行くことについては、どう思っていましたか。

②　でも結局行くことになり……どんなふうにキャンプして……と少しあらすじを書いてつなぐ。

Ⅱ　この物語を読んで、どんなふうに生きてみたい、どんな人間になりたいと思いましたか。

⑥　いろいろな無人島で、キャンプをする人になりたい。したりしてみたい

Ⅲ　一番おもしろかったのは、どういうところですか。

④　ハーリーがスクープを助けたところ。

どんなふうに？

これをくわしく

Ⅳ　なぜ火事になったのですか。

③　タンカーの船長と船員が油を流して、ハーリーが木のえだを海に投げて引火して、

どんな？

火事になった。

Ⅴ　あなたは、子どもだけでキャンプに行きたいと思いますか。

⑦　あまり気がすすみそうにない。

Ⅵ　ハーリーをどう思いますか。

⑤　やくそくを守らなかったと思う。スクープを助けたのはよかった。

どういう？

【作品Ⅱ　修正前】

『ほのおの無人島』を読んで

4年　T. Ya.

ハーリーは水上スキーをしたかったけれど、うでをいためてキャンプに行くことになった。ハーリーはめいわくだった。

できなくなり、弟のスクープをつれて

弟をつれていくなんて

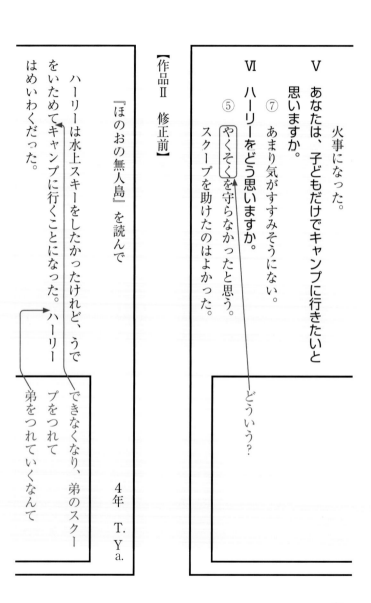

キャンプをしている島で火事になり、ハーリーは、命がけで弟のスクープを助けなければいけなくなる。

火事になった原因は、オイルのホースが知らないうちにはずれてオイルが海に送り出されていたことを知らずに、ハーリーが火のついた木の枝を海に投げたことだ。

もしひなんできる岩がなかったら、二人はたいへんなことになったと思う。

火の中をくぐって行くところがすごかった。

自分なら一人で行く方がいい。兄弟で行くとごはんなどを作るのがたいへんだから。

ハーリーはお父さんとのやくそくの、火を使ってはいけないことを守らなかったのは悪いけれど、スクープを助けたのはよかった。

ぼくはキャンプはつまらなそうで気が進まない。

おきの船で

こういう所を読んでいる時の君の気持ちを（どんなところがすごかったとか、自分だったらどうしただろうとか）もっとくわしく。

という

島に行く前と後でハーリーのスクープに対する気持ちはどうかわったと思いますか。

日帰りがいい。
この本を読んで、ぼくは無人島で遊んだり海で泳いだりしたいと思った。

子どもだけで行くことについては、どうですか。

【作品Ⅱ　修正後】

『ほのおの無人島』を読んで

4年　T. Ya.

ハーリーは水上スキーをしたかったけれど、うでをいためてできなくなり、弟をつれてキャンプに行くことになった。弟をつれていくなんてハーリーには、めいわくだった。

弟の名はスクープで、スクープはよう（養）子でハーリーとスクープはあまり仲がよくなかった。

キャンプをしている島で火事になり、ハーリーは、命がけで弟のスクープを助けなければいけなくなる。火事になった原因は、おきの船でオイルのホースが知らないうちにはずれてオイルが海に送り出されて、そのことを知らずに、ハーリーが火のついた木の枝を海に投げたことだ。もしひなんできる大きな岩がなかったら、二人はたいへんなことになっていたと思う。

火の中をくぐって行くところがすごかった。火の中をくぐれる方法をよくハーリーは考えたと思う。ぼくでは、できそうにない。

ハーリーは、お父さんとのやくそくの、火を使ってはいけないということを守らなかったのはいけないけれど、スクープを守ったのはよかった。ハーリーは、最初は行きたくなかったけれど、行ってよかったと思う。

この本を読んで、ぼくは無人島で遊んだり海で泳いだりしたいと思った。でも、子どもだけで行くキャンプは気が進まない。

【作品Ⅲ　設問と解答】

『山のいのち』

Ⅰ　おじいさんは静一を何と呼んでいますか。また
それはなぜですか。

良一

②　静一はいないも同然だったから

Ⅱ　P20で、なぜ静一の口から「ひさしぶり」に
「言葉がもれた」のでしょうか。
静一の人柄や生活、この時の静一の気持ちを考
えて書いてみましょう。

なぜかもちゃんと書いてみ
てください。
おじいさんは静一のことを
自分の息子良一と思ってい
るのでしょう。

⑤　かわいそうと思ったから

③　静一は静かな子どもで何日もだまってい
　たから

Ⅲ　おじいさんは、なぜ、イタチの肉を水に流して
やったのですか。

⑥　ヤマベを取る（魚にあげる）ため

Ⅳ　「山の中では祖父は別人になる」とはどういう
ことですか。

　魚を取るのがうまい

⑥　身のこなしが軽い

静一が「ひさしぶり」にしゃべったというのはなぜ？　人と話すのが苦手で学校へも行っていないのかな。

この時のおじいさんはふだんとどう違ったのかを書きましょう。

若い時からずっとやってきたことで、自信もあるし、こういう山の生活が大好きなのでしょう。

Ⅴ　おじいさんはなぜ「生きているものは悲しいなあ」と言ったのでしょう。また、この言葉を聞いて、あなたはどういうことを考えましたか。

⑥　死ぬまでビクビクしてこわいから

ぼくはそんなことない

Ⅵ　静一のことをどう思いますか。

④　ほとんど無言

あなたの考えも書いてください。

生きているものは必ず死ぬ――そのことをおじいさんは悲しいと言ったのでは？必ず死ぬとわかっていても、死がせまるとびくびくしたりするのが生き物の姿だとイタチの気持ちを想像してみているのでしょう。

事実だけでなく君が思ったことを書きましょう。

何日も話さないでヒマじゃないのかなあと思った

Ⅶ　おじいさんをどう思いますか。静一はおじいさんから何を学んだと思いますか。

⑦　自然にくわしい

魚を取るのがじょうずだなあと思った
自然には無だがない

君は友達と話したり遊んだりする方が好きですか。静一に言ってあげたいことを書きましょう。

事実だけでなく君が思ったことを書きましょう。

おじいさんとくらして、静一はどう変わったと思いますか。なるべくくわしく書きましょう。

君はこのことを知ってどう思いましたか。

①なぜおじいさんの家に行ったか。↓②③④⑤↓四つの⑥を使っておじいさんがどういう人物か、なるべくくわしく書く。

【作品Ⅲ　修正前】

『山のいのち』を読んで

6年　T. Y o.

静一のお父さんとお母さんは夏に外国に出張にいくから、静一はお父さんの生まれ故郷にあずけられることになっていた。

おじいさんは、静一のお父さんの方を見もしないでこう言った。

「良一かあ。良一、帰って来たんかあ。」

良一とは静一のお父さんの名前だった。おじいさんは、静一のことを自分の息子の良一だと思っている。

静一は、人と話すのが苦手で長い間学校にも行っていない。ぼくは何日も話さないでヒマじゃないのかなと思った。

おじいさんはニワトリ小屋に入ったイタチを使って、魚を取りに静一を連れて森に入った。おじいさんはイタチの喉元にナイフをたてそのまま尻尾に向かってひいた。静一は、

「かわいそうだね。」

と言った。静一はひさしぶりに自分の声をきいたのであった。

おじいさんはイタチの肉を水に流して魚にあげた。

「山の中ではおじいさんは様子が全然ちがって、身のこなしも軽く、生き生きとしている。ぼくは、おじいさんは魚を取るのがうまい人だなと思った。


おじいさんは「生きているものは……」と言ってイタチのおりを水に沈めた。この様子を読んだ（想像した）時の君の気持ちを書く。

静一がなぜ思わず「かわいそうだね」とつぶやいてしまったのか、その気持ちを想像して書く。

どうやって魚をつかまえたのか。

山の中でおじいさんはどうしてこんなにかわるのか、そのおじいさんの気持ちも

静一はおじいさんから、自然には無駄がないと言うことを学び自然はいいなと思いました。

んだ。ぼくは、…

書けると良い。
このことについての君の考えを書く。
後半、もっと君の気持ちや考えを入れて書いてください。

【作品Ⅲ　修正後】

『山のいのち』を読んで

6年　T. Yo.

静一のお父さんとお母さんは夏に外国に出張にいくから、静一はお父さんの生まれ故郷にあずけられることになっていた。
おじいさんは、静一のお父さんの方を見もしないでこう言った。

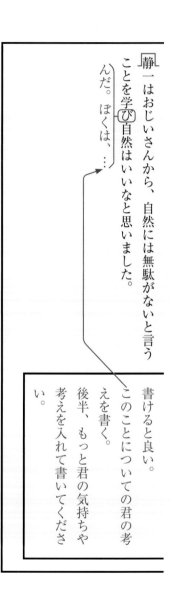

「良一かあ。良一、帰って来たんかあ。」

良一とは静一のお父さんの名前だった。おじいさんは、静一のことを自分の息子の良一だと思っている。

静一は、人と話すのが苦手で長い間学校にも行っていない。ぼくは何日も話さないでヒマじゃないのかなと思った。

静一はおじいさんとならんでにわとり小屋の前にいた。ここに五羽もいたにわとりはイタチにすべてやられてしまった。おじいさんと静一は、イタチの入った檻を持って森に入った。おじいさんは、

「生きているものは悲しいなあ。死ぬまでびくびくしてなあ。こいつきっと怖いんだろうなあ。」

と言ってイタチの檻を水に沈めた。おじいさんはイタチの喉元にナイフをたてそのまま尻尾に向かってひいた。静一は、

「かわいそうだね。」

と言った。静一はひさしぶりに自分の声をきいたのであった。

おじいさんは、イタチの肉を水に流して魚にあげた。

おじいさんは、イタチの皮を先にしばった竹ざおを持って、イタチの皮を水面にたたきつけて魚を網の所まで追い、網をあげた。

山の中では、おじいさんは、様子が全然違って、身のこなしも軽く、生き生きとしている。ぼくは、おじいさんは魚を取るのがうまい人だなと思った。

静一はおじいさんから、自然にはむだがないと言うことを学んだ。ぼくは、自然はいいなと思った。

(8) 漢字・語彙の指導——漢字仮名交じり文ということ

通級の教室では、週二回のレッスンのうち一回を漢字・語彙の指導に充てていました。漢字仮名交じり文である日本語の勉強では、母語話者である日本人の子供たちにとっても第二言語として学ぶ非母語話者にとっても、漢字の習得にはかなりの時間をかけざるを得ません。

漢字は意味を表す文字（表意文字）です。ですから漢字の勉強の中心は、字の意味を知ること、その字の守備範囲を知ることです。

（1）（2）のように、訓読みは同じであっても漢字は使い分けている、というものがたくさんあります。その中の多くは、漢字が中国から入ってきたころ、日本語では区別していなかったことばが、中国ではいくつかの漢字（単語）で使い分けられていたことによります。以前学校では、このようなものは「まぎらわしい漢字」として受験対策などで勉強し、それぞれの漢字はバラバラに読み方や意味を習うことが多かったのです。しかも小学校などでは字の意味よりも書き方・形態の指導に時間をかけるケースが多かったようです。最近はさすがに手書きではなく変換で漢字を選ぶということが多くなりましたから、少し教育現場も変わってきているのではないかと思います。

（1）住む
済む
澄む

（2）収める

治める
納める
修める

とにかく、もともと漢字は意味を持つ字ですから、それを身に着けることが肝心です。意味にはある範囲があります。ある字なり語句なりがどういう守備範囲で使われるのかを知ることが大切です。たとえば、英語の water は液体のH_2Oというほどの意味ですが、日本語の「水」はその中の冷たいものしか意味しません。意味の範囲というのは、こうしたことです。漢字や語句の守備範囲を知ることが、漢字・語彙の学習です。(このように、漢字の学習は語彙の学習とも分ち難く結びついているわけです。)

以上のようなことを踏まえ、漢字の勉強は(「読みかえ」のような扱いをせず)一つの字の読み方は全部同時に学ぶというやり方が効率的であると考えています。

漢字カルタ作り

さて、実際に教室でどんなことをやっていたのかですが、低学年でまず「漢字カルタ作り」から始めます。方眼の入った手のひら大の情報カードを使いました。表面の左上方に2センチ大位の四角を書き、その中に漢字を書きます。そして裏面に、漢字の読み方を、音読み↓カタカナ、訓読み↓ひらがな、ですべて書き、教科書で習った読み方で一文を作って書きます。その書いた文の内容を表す絵を表面（漢字を書いた面）の残りのスペースに色鉛筆で書きます。年末に、それまで作ったカードを預かり、子供たちの作った例文をすべて書き写します。そして、クリスマス会・新年会で誰かのカードを表向きに撒いて、指導者が例文をランダムに読み上げてカルタ取りをします。（同じものを読まないように、読んだ文にチェックをつけながら読んでいきます。5・6名のクラスなので、クリスマス会・新年会の二回で全員のものをやるようにしていました。）

3・4年生になったら、絵はやめて（カルタ取りも2年生までで、3年からは新年会で百人一首をやります）、表面に画数・部首・読み方を書き、裏面に習った読み方で一文を作って書きます。さらに5・6年生では、すべての読み方で例文を書きます。習っていない読みの例文を作るのはむつかしい面もあるので、「こんな時使う」と例を言ってやったり小学生向けの漢字辞典的なものを置いてやったりしていましたが、小学校で配られる漢字ドリルに、その字を使った語句が出ているので、次第に自分たちで漢字ドリルを持って来て参考にするようになりました。

各学年とも、できたカードには検印（何かかわいいスタンプ）を押してやります。使い方や送り仮名の間違い、誤字脱字・助詞の間違い・文要素のねじれなどすべて突き返して訂正させてから印をおします。

このような形で、漢字だけでなく、（それぞれの漢字を使った）語彙の指導や文の整え方の指導も同時に行うことができます。小学生の基礎的な日本語力の定着に、何らかの形でこのような指導が不可欠であると考えています。

以上小学生への書くことの指導として行って来たことをまとめました。以下の章では、日本語の「話し言葉」と「書き言葉」の違い、そして書かれた言葉を声で（話し言葉として）伝える時に心に留めておいた方が良い点をお話したいと思います。

第二章　「話すこと」と「書くこと」の違い

（1）話すことと読むこと――「頭の中から口へ」と「目から口へ」

この頃はだいぶ少なくなってきましたが、少し前までは、結婚式などのスピーチを頼まれると、原稿を書いてきてそれを読む人が多く見られました。確かに原稿を持っていると、ちゃんと準備してきているなという感じはします。けれども、私たちは普段あまり意識していないのですが、頭の中にあることを言葉にして語ることと、目で見た字を声にすることの間には、大変な違いがあります。そして、字面を追って音にした言葉は、聞き手の頭（心？）に入って行きにくいのです。これはイントネーションという音の高低の流れが、話しかける言葉の場合と違ってしまうからです。

このように同じ「声で伝える」場合でも、「話す」と「読んで伝える」では微妙に違いがあります。「読んで伝える」については第三章で詳しく述べますが、その前に「話して」伝えることと、「書いて」伝えることの違いを少し考えておきます。

(2)「話す」構成と「書く」構成

第一章で、お話の構成（組み立て）としては「起承転結」、意見文の構成としては序論・本論・結論、ということを書きました。これは、起伏があり人を引き込むストーリーとしての構成と、論理的にわかりやすい構成との違いです。何が起こるのか、どうなっていくのか、ワクワク感・好奇心で読み進んでいくような内容には「起承転結」が生きてきます。しかし、何かテーマ性のある事柄を伝えようとするときは、「序論・本論・結論」が分かりやすいわけです。

聞くそばから消えていく話し言葉の場合、最初に、何を伝えようとしているのか大枠のテーマをつかんでおくことが、聞き手の理解を助けるとても大切なことになります。

実は、「話す」構成と「書く」構成については、筆者の苦い経験があります。

ある時、エッセイを書く講座に行ってみたことがあります。そこで、感想・感慨は最後に書くのが効果的（というか最後に感想・感慨が語られたとき「うんうん、そうだよね。」と共感できるようにそこまでを書くことが大切ということなのでしょうが）と教わりました。確かに初めに「こんな面白いことがありました」と言われてからその中身が語られるのと、読みながら状況を筆者とともに追体験し味わってきて最後に「面白かった、楽しかった、くやしかった」と言われるのとでは、後者の方が、共感が生まれやすいのです。書き言葉では、それが効果的なのです。

ところが、その少し後で話し方の講座に出た時、体験を語る課題があったので、エッセイ講座で書いた体験をそのまま語ろうとしたのです。ところが、実際語ってみると、出来事・状況を語っているうちに時間切れとなり、「つまりあなたは何を言いたかったの？」ということになってしまいました。話し言葉では、最初にテーマをしっかり伝えてから細部に入る、どちらかと言えば「序論・本論・結論」形式が必要、ということを身に染みて学んだ経験でした。

このように、「書き言葉」と「話し言葉」では、話の構成の仕方に大きな違いがあるということも意識しておいた方がよいと考えます。

（3）日本語の「話し言葉」と「書き言葉」のたどった道と違い

さて、「話し言葉」と「書き言葉」の違いを考える前に、日本語の「話し言葉」と「書き言葉」のたどった道を振り返ってみます。

言語の研究は、話し言葉の研究より書き言葉の研究が先行します。資料が残っていたり、扱いやすかったりするからです。現代のように録音機材が発達するまでは、話し言葉の資料そのものがほとんど使えませんでしたし、録音機材ができてもその録音したものを書き起こして資料とするには大きな労力が必要でした。日本語史の研究も、本当は話し言葉の推移を明らかにしたいのですが、実際に残っているのは書かれたものでしかないので、書かれた会話の部分などから類推するしかないのです。けれども、現代の文学を考えてみてもわかるように、「作品の中の会話のように実際に話しているか」というと必ずしもそうではない部分もあったりするのです。

というわけで、はっきりとわかっていないことも多いのですが、日本語の歴史を「話し言葉」と「書き言葉」ということに焦点を当てて、ざっと見ていくことにしましょう。

3の1　仮名文学の成立まで

多くの言語がそうであるように、日本列島に住んでいた人々の言語も、文字を持っていませんでした。私たちの祖先と文字との出会いは、中国で生まれた漢字を知るところから始まりました。この「書き残す」ということのできる便利なツールをなんとか自分たちも使いこなしたい、と試行錯誤した結果、ようやく作り上げられたのが、『古事記』『日本書紀』『万葉集』『風土記』といった日本最古の文字資料として残されている書物です。しかし近年の研究では、これ以前にも数百年にわたって漢文による表記が使われていたことが、九州から関東までの広い範囲で出土した刀剣等の銘や木簡などから分かってきています。

『日本書紀』『古事記』は主として漢文で書かれた歴史書ですが、『万葉集』はいわゆる万葉仮名で書かれた歌集です。つまり、漢字の音を日本語の音として使った音仮名と、漢字の意味を日本語の意味に充てた訓仮名を組み合わせて、日本語を表現したものです。現在の漢字の音読み訓読みのルーツはここにあるわけです。中国でも韓国でも（時代や地域による異音が出現する場合はありますが）漢字の読み方は原則一つです。日本語の漢字は音訓二つの読み方があるのが基本です。これが日本の漢字の特徴です。とにかく音仮名・訓仮名の両方を使ってなんとか自分たちの話している言葉〈日本語〉を表現しようとした時代が、上代と呼ばれる『古事記』『日本書紀』『万葉集』『風土記』などができた時代です。

そして、奈良時代末から平安時代初期にかけてカタカナ・平仮名ができて、日本語をより自由に表現できるようになります。カタカナは主として僧門で仏典を読んだり伝えたりするところから生まれ、平仮名は一般の上流社会で和歌など文学に使われていきます。日本語の書き言葉は、その後も長らく、この二つの多少異なる流れが平行しているようです。

平仮名が生まれて、自分たちの体験・感情をなんとか書き残し多くの人に読んでもらおうという機運が宮廷社会に起こり、平安文学の豊かな作品群が生まれるわけです。このころまでは、自分たちの話している言葉をなんとか文字にしようとしていた時代、と考えることができます。私たちが現在話しているしゃべり言葉を録音して書き起こしてみると、どこまでもマルにならず、「…て、……て……だから…とか…な感じで…」のようになったりするのですが、『源氏物語』の文体もまさにこんな感じなのです。おそらく宮廷の女性たちが話していた言葉ほぼそのままに書かれたのが平安期の女流文学ではなかったかと思われます。

3の2　書き言葉と話し言葉の乖離

ところが、『源氏物語』のような優れた大作ができてしまうと、それに習おうという動きもでてきます。また、話し言葉は時代とともにどんどん変わるという面を持っているのに対して、書き言葉は出来上がったスタイルを踏襲しがちです。平安時代後半から鎌倉時代へと時代が大きく変化していく中で、話し言葉と書き言葉はどんどん違ったものになっていきます。

書き言葉の基本的文法は中古と言われる平安時代から江戸時代まであまり変わっていません。特に伝統を重んじる貴族や学者の著書にはこの傾向が強いのです。ただ、江戸時代になると文化の担い手に町人層が増え、また後半になると地域的にも関西から関東へ中心が移り、少しずつ話し言葉に近い記述も増えてきます。同じ紀行的作品でも、『伊勢物語』より『奥の細道』の方が、現代のわれわれが読んで大分わかりやすいのは、そういうことでしょう。

一方話し言葉は、鎌倉・室町時代の間にかなりの文法的変化を起こしていると見られています。形容詞のシ→イ終止、動詞活用の変化（一段→二段、四段→五段、ラ変・ナ変消滅）、係り結びの消滅、主格助詞ガの成立、形式名詞ノの成立、などが起こっています。けれども、鎌倉・室町期の文献が少ないこともあって、これらがどのようにして起こったかはまだはっきりとは解明されていません。

3の3　言文一致運動

とにかく明治になった時、書き言葉と話し言葉の間にはかなりの差がありました。しかし、当時それ以上に重要だったのは、欧米語のそれまで日本になかった概念や表現をどう日本語にしていくか、ということでした。概念については、欧米語の意味を漢字の意味に置き換え（基本的に二字）熟語を作るという形でクリアしていきました。表現という意味では、句読点を導入しセンテンスを作る――つまり基本的に名詞と述語を骨格として文を作る――ことを欧米語に学び、東京の話し言葉になるべく近い形で書くということが、なされてきたわけです。「話し言葉になるべく近い形で書く」という意味で文学史では言文一致と言われているわけです。

しかしこの「言文一致」という言葉は、誤解を招きやすい表現でもあります。つまり、「言」う言葉と書く「文」とが完全に一致することはめったにないからです。野村剛史先生の『話し言葉の日本史』は、それまで流れとして語られることのなかった日本語の話し言葉についてわかりやすく解説されている優れた著作ですが、そのプロローグで先生は、「書き言葉」の「話し言葉」との違いとして次の三点を挙げておられます。

① 内容が整理され、文体が洗練される。
② 上品になる。パブリックな場の表現である。
③ 対・聞き手表現が減じる。

3の4　現代の話し言葉と書き言葉とその違い

明治の言文一致運動以来、「話し言葉」に近い「書き言葉」として使われ洗練されてきた現在の日本語の「書き言葉」ですが、「話し言葉」とは異なるいくつかの構文的特徴を持っています。野村先生は主として発話者の意識傾向の面から「書き言葉と話し言葉の違い」を三点挙げられましたが、現在の「話し言葉」と「書き言葉」は文構成上も大きな違いを持っています。それは、以下の三点です。

話し言葉は

（i）終助詞がつく。
（ii）無助詞名詞提示がある。
（iii）視座が聞き手の前の話者にある。

少し専門的な話になるので、一つずつ説明します。

（i）「書き言葉」に「ね」とか「よ」とかいう終助詞が付かないことは、皆さんよくご存知だと思います。終助詞は受け手との関係を作る働きをしています。たとえば、「よ」は共同注意要請といって指差しと同じような役割をし、「ね」は相手の同意を要請したり確認したりするのに使われます。ですから、受け手が目の前にいない書き言葉では、使われないということになるのです。

（ii）無助詞名詞提示というのは、「私、行かない」「今日、いいお天気ね」「田中さん、もう来た？」の「、」のような表現です。現在の書き言葉では、主語名詞（主語の概念にはいろいろ議論があるのですが、ここでは一般的な学校文法の用語として使っておきます）を提示するときは、基本的に必ず「は」か「が」がつきます。最近、メールという連絡ツールが普及して、メールでは無助詞を使う書き言葉も多く使われています。それが今後の日本語の書き言葉にどのように影響してくるのかは、いまだ未知数です。とにかく古来日本語の話し言葉では、無助詞の形で名詞提示することは普通に行われているわけで、現在の書き言葉の方が不自然だと言えないこともないのです。

（iii）話し言葉では、基本的に話し手は聞き手の目の前にいます。ですから、話し手が話していることはすべて目の前のイマ・ココの話し手を起点として話していると聞き手は了解します。けれども書き言葉では、書き手が書く時点と読み手が読む時点には、ズレがあります。ですから、書き手は必ずしもイマ・ココに縛られず自由な視座を取ることができるのです。特に文学作品では、臨場感を出すために事態が起こっている時点に視座を置いたり、主人公の心に視座を置いたり、ということが意識的になされることもあります。

東百道氏は『朗読の理論』の中で、「文学作品において表現主体になれるものは原作者自身か登場人物のどちらかであり、表現主体の視点が位置する世界は作品世界の外と内と登場人物の内面の３か所しかない、つまり以下の６種の場合が考えられる」としておられます。

	表現主体	視座の在りか
Ａ	作者	作品世界（事態）の外（語り手の今）
Ｂ	作者	作品世界（事態）の内（事態時）
Ｃ	作者	登場人物の内面
Ｄ	登場人物	事態の外（回想など）
Ｅ	登場人物	事態の内（事態時視座）
Ｆ	登場人物	登場人物の内面

ただ、私はＣとＦが区別できるのか疑問に思います。ＤやＥも書いているのは作者自身で、ただ登場人物の視座で語っているということです。だから登場人物の立場・思いで語ればそれは登場人物視座で作者が書いているということであって、ＣとＦは区別できない

郵便はがき

料金受取人払郵便

新宿局承認

1409

差出有効期間
2021年6月
30日まで
(切手不要)

1 6 0-8 7 9 1

1 4 1

東京都新宿区新宿1－10－1
(株)文芸社
愛読者カード係 行

ふりがな お名前			明治 大正 昭和 平成 年生 歳	
ふりがな ご住所	□□□-□□□□			性別 男・女
お電話 番 号	(書籍ご注文の際に必要です)	ご職業		
E-mail				
ご購読雑誌(複数可)		ご購読新聞 新聞		

最近読んでおもしろかった本や今後、とりあげてほしいテーマをお教えください。

ご自分の研究成果や経験、お考え等を出版してみたいというお気持ちはありますか。

ある　　ない　　内容・テーマ(　　　　　　　　　　)

現在完成した作品をお持ちですか。

ある　　ない　　ジャンル・原稿量(　　　　　　　　　　)

書　名			
お買上 書　店	都道　　　市区 府県　　　郡	書店名 ご購入日	書店 年　月　日

本書をどこでお知りになりましたか?

1.書店店頭　2.知人にすすめられて　3.インターネット(サイト名　　　)

4.DMハガキ　5.広告、記事を見て(新聞、雑誌名　　　)

上の質問に関連して、ご購入の決め手となったのは?

1.タイトル　2.著者　3.内容　4.カバーデザイン　5.帯

その他ご自由にお書きください。

(　　　)

本書についてのご意見、ご感想をお聞かせください。

①内容について

②カバー、タイトル、帯について

弊社Webサイトからもご意見、ご感想をお寄せいただけます。

ご協力ありがとうございました。

※お寄せいただいたご意見、ご感想は新聞広告等で匿名にて使わせていただくことがあります。

※お客様の個人情報は、小社からの連絡のみに使用します。社外に提供することは一切ありません。

■書籍のご注文は、お近くの書店または、ブックサービス(0120-29-9625)、セブンネットショッピング(http://7net.omni7.jp/)にお申し込み下さい。

のではないかと考えます。それでも、文学作品の作者は5種類の視座のとり方をできるわけです。

このように、私達が日頃使っている「話し言葉」と「書き言葉」には、文構成の上でも大きな違いがあります。このことが、書かれた文章を声で表現する時に、かなり難しい問題を引き起こすことになるのです。次の第三章では、そのことを検討してみたいと思います。

第三章　書かれた文を声にするということ

21世紀に入って朗読という分野が、一つの表現の形として認知されるようになって来ました。それまでは、アナウンサーによるラジオの朗読番組や、視覚障害者の方へのボランティア朗読、あるいは一部の俳優さんによる朗読、が行われていた程度でした。

ところが、音楽の演奏や文学作品の映像化と同じように表現の一分野としてそのテクニックを追求してみると、これはなかなか厄介な問題を含んでいることが分かってきました。**第二章（3の4）**で見たように、現代日本語の「話し言葉」と「書き言葉」は文構成上の大きな違いを持っています。その「書き言葉」を「話し言葉」のように声で表現するには、いくつかの難題をクリアしなくてはならないわけです。つまり前節で挙げた（ⅰ）～（ⅲ）です。（ⅰ）（ⅱ）（ⅲ）順に考えてみましょう。

（1）終助詞・間投助詞がやっていること

受け手が目の前にいない書き言葉では、「ね」「よ」などの間投助詞・終助詞は使われません。ところが、書かれたものを声で表現する段になると、声を出している人がいるわけです。聞いている人としては、その声の主から自分に届けてほしいわけです。話し言葉では、「それでね、○○がね、…してね、…しちゃったのよ」などといった具合に「ね」や「よ」のところで（アイコンタクトというのですが）話し手は聞き手の顔をのぞきこんでそのことを伝えようとしています。これを「ね」や「よ」なしにするのは、なかなか難しいわけです。

「それでね、電車がね、遅れてね、遅刻しちゃったのよ（A）」と「それで、電車が遅れて遅刻してしまった（B）」ではイントネーション（音の高低の流れ）が全然違ってしまうのです。前者

A

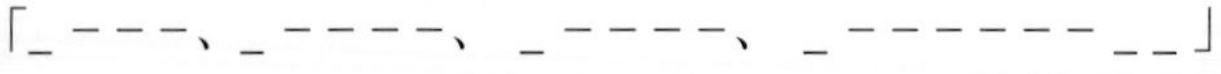

B

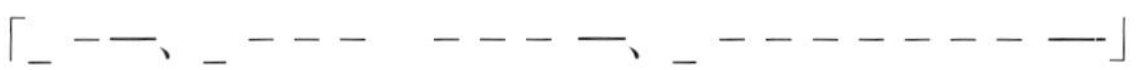

ではAのように、「ね」や「よ」のところで音は前音と同じ高さのまま止まります。後者はBのように、句末で息が余り句末の音が若干伸びがちになります。また「電車が遅れて」と一息に言ってしまうので「遅れ」の「お」が下がりません。このように助詞がない分、句末がだらしなく伸びたり、普通日本語は自立語の二音目で音が上がるか下がるかして語の切れ目を知らせているのですが、その上がり下がりが不明確になったり、ということが起こりがちになるのです。

助詞なしで、話し言葉のように伝えるには、文節ごとに切っていく意識（アーティキュレーションと言ったりしますが）、実態のあるものとしてしっかり伝えていく意識が必要です。また、句末が「…てー、…てー」のように伸びていると聞き手はまだ先があると思って、「でどうしたの？　でどうしたの？」という思いで聞きます。すると、「…て」までで言ったことは十分頭に入って行かず右から左へ抜けてしまう、ということが起こりがちです。ですから、句末で息を余らせないように句頭でしっかり息を出すということも必要です。ところが、これが意外と難しいのです。句頭をしっかり出そうとすると、反応時間がかかりますから、どうしても二音目が強くなってしまいがちなのです。最初の音だけをしっかり置いてあとはスーッと肩の力を抜いていく感じが必要です。

こんな風に終助詞なしに終助詞ありと同じ形を作るということが、現在の書かれた文を声でしっかり伝えるときに一番やっかいなことと言ってよいでしょう。

(2)「は」「が」を強くしたり引っ張ったりしない

もう一つ、無助詞名詞提示の場合も「私、行かない」「今日、いいお天気ね」「田中さん、もう来た?」のように話し言葉では「、」のところでピタッと止まって一拍マがあります。けれども、書き言葉では必ず「は」か「が」がここに入ります。先ほども言ったようにこの「は」や「が」のところでだらしなく音が伸びがちになるわけです。「田中さんが来た」のように「が」の場合は比較的すぐ後ろにかかっていきますが、「山田さんは、今日は用事があって来ない」のように「は」は文末まで(場合によっては段落末まで)かかっていきます。この「は」が曲者なのです。すぐ次の言葉に係るのではなく、むしろ文末と結んでいるわけですから、「は」のところでちょっと止まって次を出直す必要があります。ところが、「止まろう」「マを取ろう」とすると、これがまた強くなったり音が伸びたりしがちなのです。「は」は話し言葉では、なくてもよいものですから、本当はごく軽くてよいのですが…。

(3) 適切な視座で語る

次に、視座の移動について考えてみます。誰がどこから見てどんな思いで言っているのかということは、朗読をやってみたことのある方なら、普段から考えておられることだと思います。日本語で書かれた文学作品の読解というのは、結局ここから始まると言っても過言ではないのです。私の一冊目の本『朗読上手は 味わい上手』はそのことをベースに国語教育に朗読を活用すべきという思いで書きました。朗読、つまり聞き手にわかりやすいものとして作品を立ち上がらせていくために、どこからどのように見て語っているのかをはっきりさせることは不可欠で、みなさん母語話者ですから直感的にその見極めはやっていらっしゃるのだと思います。以下の話はやや学術的・専門的になりますので、「私は別にそんな理屈はいいわ」という方は、本節の以下の話はとばしてくださっても結構です。ただ、「へー、日本語ってこんなことをやっているのか」ということを知ってみたい方は、どうぞお付き合いください。

3の1　日本語における視座の重要性

まず、日本語という言語にとって、視座というものがどういうものかを考えてみる必要があります。

次ページの**図1**は話し手がどこから出来事を見てしゃべっているかを示しています。実際の話者はⓈの位置にいるわけですが、話し手は◐▷のある位置で出来事を見てしゃべっているのです。英語の場合、事態の外側に出て外側から出来事を見て語るので、必ずIという主語が出てきます。事態の中にいる自分が見えているからです。日本語の場合は、今いる事態の中のそのままの位置で語るので、自分には自分が見えず、見えているもの（つまり「月」）だけを語ればいいことになります。"I see the moon shining."「月が出ている」という表現の違いはそこから来ています。

これは今起きていることを語る場合です。

ところが、イマ・ココでないことを語る場合には少し事情が違ってきます。過去のことを回想する場合、日本語話者も過去の自分を回想として頭の中で見ています。ですから、

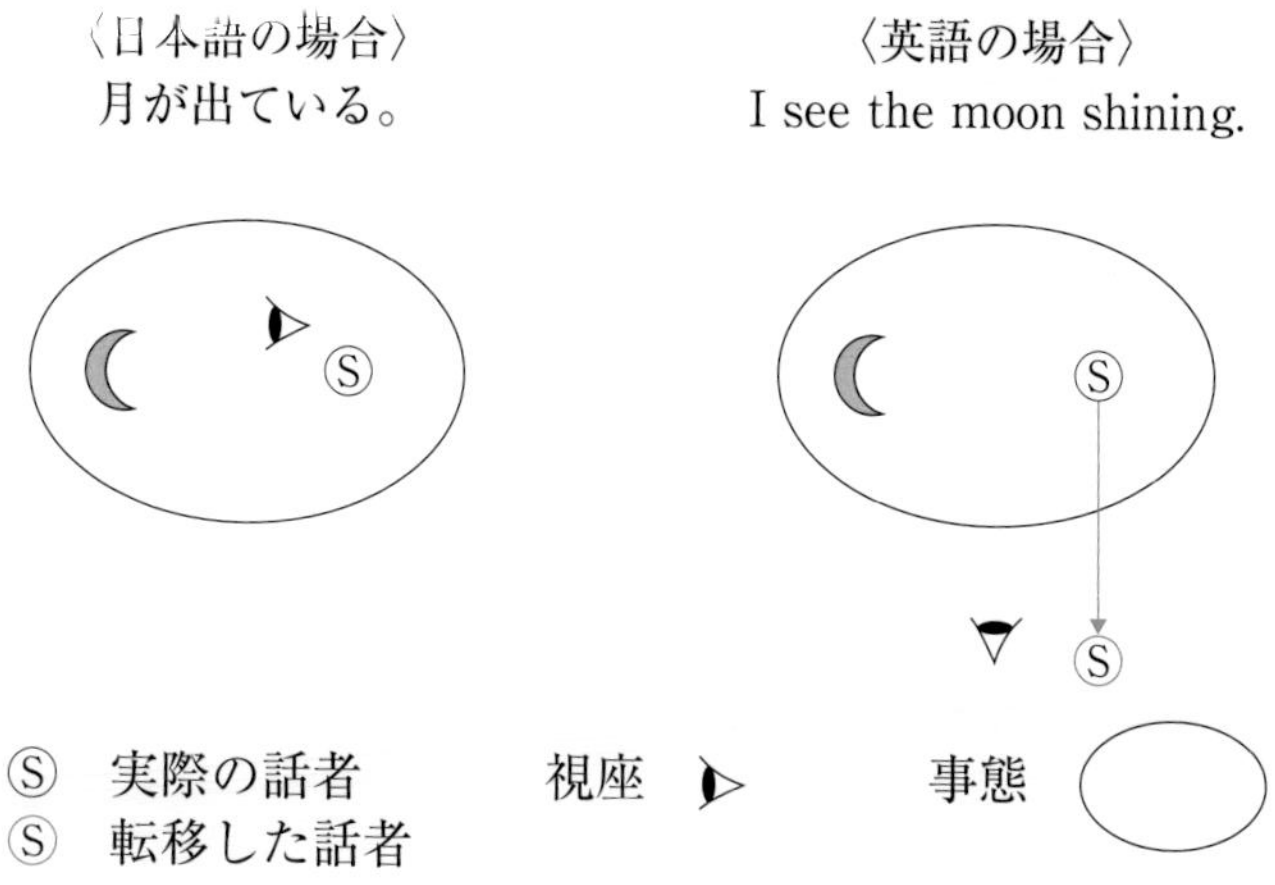

図1　〈イマ・ココの事態〉を語る時の視座

「私は（その時）月を見た」のように言ったりするわけです。英語の場合、今度は「見ている私」と「見られている私」が図2のように逆になるのですが、構図としてはイマ・ココの場合と同じ形になります。事態がイマ（図で言うと◗▷の上）にあるか過去（時間が左から右に流れているとして図の◗▷より左）にあるかの違いだけで、そのことをsee→sawという過去形が表しているわけです。

　また日本語の場合、特に書き言葉では、読み手が書き手Ⓢの目の前にいるということは原則としてないので、書き手Ⓢはイマ・ココにしばられることがありません。そこで過去のことであっても視座を事態内

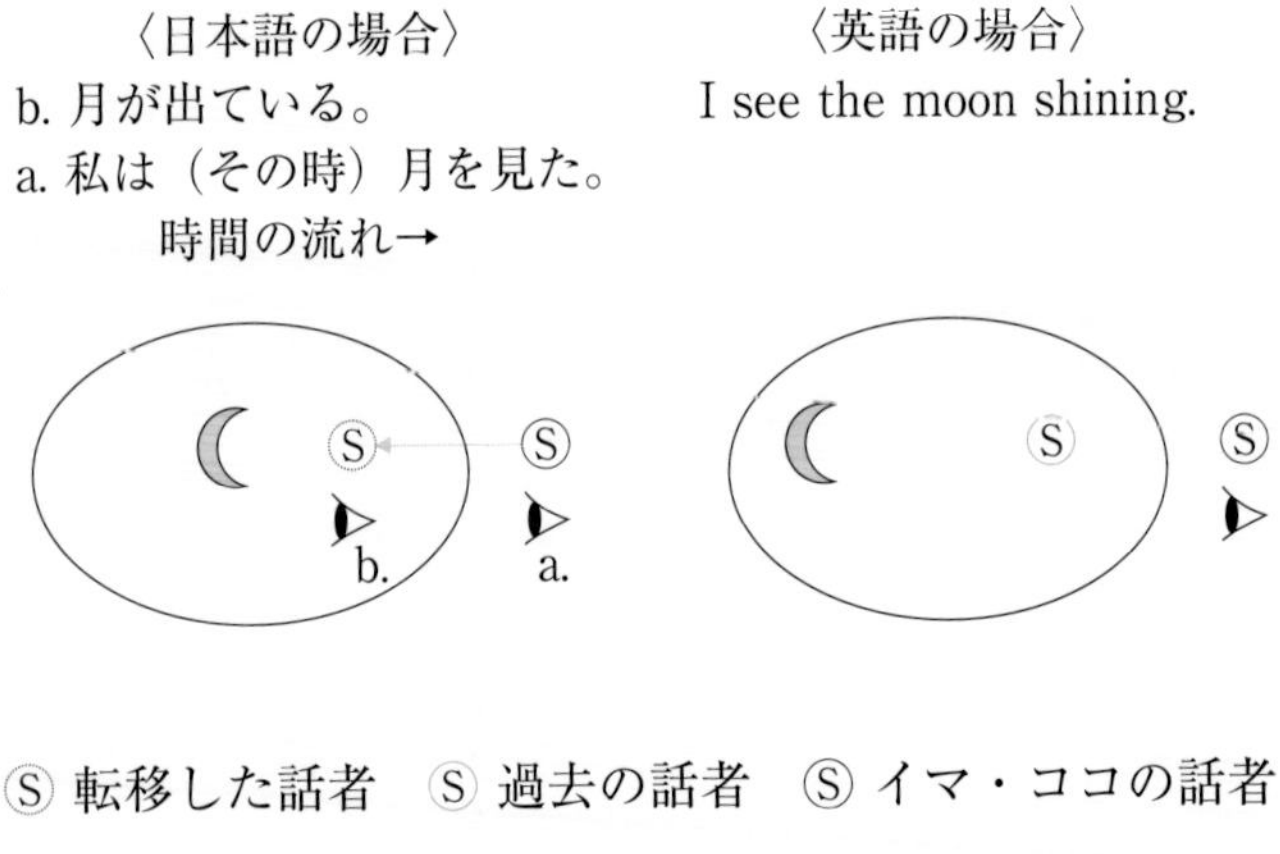

図2　〈イマ・ココでない事態（回想・一人称ノンフィクション）〉の視座

に転移して、事態内の視座で語ることもできます。つまり、図2のa．に視座を置いて「私は月を見た」と語ることも、b．に視座を置いて「月が出ている」と語ることもできるのです。もともとイマ・ココのことは事態内で語る日本語ですから、事態内のことをそのまま語る表現は豊かに用意されているわけです。事態内で語った方が臨場感のある表現ができるわけで、日本語の書き言葉では頻繁に視座の転移（事態内への移動）が起こります。

　したがって、読み手にとっても、どこに視座を置いて語っているかが重要になってくるわけです。特に、生身の人間が声で伝える朗読においては、これを適確に表現することが要求されるわけです。以下では、日本語で書かれた小説で、日本語の書き言葉の〈視座〉と〈それを示す表現〉について見ていきましょう。

3の2　日本語の一人称書き言葉における視座Ⅰ（イマ・ココ型）

作家はいくつかの視座の在り方を使って作品を書いています。「昨日・今日・明日」や「あそこ・そっち」など、基準になっている話者の視座を暗示する表現を言語学ではダイクシス（deixis）といいますが、日本語にはこのような単語だけでなく視座を示す様々な表現があります。もちろんすべての文でそれがはっきりするわけではなく、どちらともとれるような文もたくさんあります。むしろそうしたどちらにもとれる文を挟んで、作者は視座を移動している場合が多いのです。

こうした視座とそれを暗示する表現について、具体的な作品で見てみましょう。

一般に、一人称で書かれた小説と三人称で書かれた小説がありますが、視座のあり方から見ると、一人称で書かれた小説には二種類あります。前節で述べた「イマ・ココでない」場合（**図2**）のうち、b．の視座をベースに書かれているもの（**イマ・ココ型**）と、

a．の視座をベースに書かれているもの（**回想型**）です。

まず、b．の視座すなわち**イマ・ココ型一人称**の例として、『草枕』を見ていきましょう。

日本語の文には、〈主人公の行動を述べる文〉〈見たものを述べる文〉〈判断・認識を述べる文〉があります。〈判断・認識を述べる文〉は助動詞や判断・評価の入る形容詞や思う・考える・わかるなどの動詞が文末に来ます。〈見たものを述べる文〉は、動詞や状態を表すテイル・テアル形、状態形容詞の文末で、動作や状態の主体が「〇〇が」の形で出てきます。〈主人公の行動を述べる文〉は、文末はやはり動詞ですが、一人称イマ・ココ型の場合は動作主（主語）がゼロ表示（書かれない）ということになります。〈判断・認識〉〈見たもの叙述〉〈主人公の行動〉を示す文末は例文番号と同じ色分けで示しています。

以下は夏目漱石著『草枕』の二章の冒頭の部分です。主人公の行動①⑥⑪㉑㉚㉛㉝㉞㊲、見たもの②③④⑤⑦⑧⑩⑫⑬⑮⑰⑱⑲⑳㉒㉓㉔㉜㊱、判断・認識⑨⑭⑯㉕㉖㉗㉘㉙㉟、のようになっていて（①②…は文番号）、基本的に現在形で書かれ、主人公がイマ・ココで見、判断し、語っている形になっています。主人公自身は自分に見えないので、表現に出てきませんが、見たり、行動したり、判断したりしているのは主人公です。

①「おい」と声を掛けたが返事がない。②軒下から奥を覗くと煤けた障子が立て切ってある。③向う側は見えない。④五六足の草鞋が淋しそうに庇から吊されて、屈托気にふらりふらりと揺れる。⑤下に駄菓子の箱が三つばかり並んで、そばに五厘銭と文久銭が散らばっている。⑥「おい」とまた声をかける。⑦土間の隅に片寄せてある臼の上に、ふくれていた鶏が、驚ろいて眼をさます。⑧ククク、クククと騒ぎ出す。⑨敷居の外に土竈が、今しがたの雨に濡れて、半分ほど色が変ってる上に、真黒な茶釜がかけてあるが、土の茶釜か、銀の茶釜かわからない。⑩幸い下は焚きつけてある。⑪返事がないから、無断でずっと這入って、床几の上へ腰を卸した。⑫鶏は羽搏きをして臼から飛び下りる。⑬今度は畳の上へあがった。⑭障子がしめてなければ奥まで馳けぬける気かも知れない。⑮雄が太い声でこけっこっこと云うと、雌が細い声でけけっこっこと云う。⑯まるで余を狐か狗のように考えているらしい。⑰床几の上には一升枡ほどな煙草盆が閑静に控えて、中にはとぐろを捲いた線香が、日の移るのを知らぬ顔で、すこぶる悠長に燻っている。⑱雨はしだいに収まる。⑲しばらくすると、奥の方から足音がして、煤けた障子がさらりと開く。⑳なかから一人の婆さんが出る。㉑どうせ誰か出るだろうとは思っていた。㉒竈に火は燃えている。㉓菓子箱の上に

銭が散らばっている。㉔線香は呑気に燻っている。㉕どうせ出るにはきまっている。㉖しかし自分の見世を明け放しても苦にならないと見えるところが、少し都とは違っている。㉗返事がないのに床几に腰をかけて、いつまでも待ってるのも少し二十世紀とは受け取れない。㉘ここらが非人情で面白い。㉙その上出て来た婆さんの顔が気に入った。

㉚二三年前宝生の舞台で高砂を見た事がある。㉛その時これはうつくしい活人画だと思った。㉜箒を担いだ爺さんが橋懸りを五六歩来て、そろりと後向になって、婆さんと向い合う。㉝その向い合うた姿勢が今でも眼につく。㉞余の席からは婆さんの顔がほとんど真むきに見えたから、ああうつくしいと思った時に、その表情はぴしゃりと心のカメラへ焼き付いてしまった。㉟茶店の婆さんの顔はこの写真に血を通わしたほど似ている。

（中略）

㊱婆さんは袖無しの上から、襷をかけて、竈の前へうずくまる。㊲余は懐から写生帖を取り出して、婆さんの横顔を写しながら、話しをしかける。

文末に「タ」の付く文も六文ありますが、⑪⑬など三文は瞬間的に終わる動作（瞬間動詞）で発話した時には動作そのものは終わっているので、完了の意味で「タ」が使われているわけです。㉑の場合はどうでしょう。「テイル」は継続の意味で、それに付いた「タ」は発話時には継続が完了している意味になります。「どうせ誰か出るだろうとは思っている」は、今も、そして発話後も「……ている」状態が続くことを表します。

残りは㉛㉞の二文で、事態時の中で回想しているため、第二事態時とでもいう時点を示すために「タ」が使われているのです。

㉛　その時これはうつくしい活人画だと思った。

㉞　余の席からは婆さんの顔がほとんど真むきに見えたから、ああうつくしいと思った時に、その表情はぴしゃりと心のカメラへ焼き付いてしまった。

㊲　余は懐から写生帖を取り出して、婆さんの横顔を写しながら、話しをしかける。

㊲には「余は」が使われていますが、前の文が「婆さんは」で始まっているので主体の交替を示すため「余は」が必要になっているわけです。〈見たものの叙述文〉では「見た

もの」を語るので話者自身は出現しませんが、同じ動詞述語文でも〈主人公の行動を述べる文〉では「一人称は」が使用可能なのです。

文の種類ごとに語り手の位置（視座）と例文を見ていくと、表1のようになります。

表1　『草枕』の視座と例文

文の種類	視座（語り手＝主人公）	例文
判断・認識の文	事態時視座	⑯まるで余を狐か狗のように考えているらしい。 ㉕どうせ出るにはきまっている。
出来事（見たものの叙述）の文	事態時視座	⑳なかから一人の婆さんが出る。 ⑬今度は畳の上へあがった。

主人公の行動の文	事態時視座	⑥「おい」とまた声をかける。 ⑪返事がないから、無断でずっと這入って、床几の上へ腰を卸した。 ㉑どうせ誰か出るだろうとは思っていた。 ㊲余は懐から写生帖を取り出して、婆さんの横顔を写しながら、話しをしかける。

このように『草枕』は、基本的に現在時制で、主人公がイマ・ココで見、判断し、語っている形（事態時視座）になっています。〈主人公の行動を述べる文〉でも〈判断・認識を述べる文〉でも、主人公はゼロ表示（表現されていないということ）ですが、見、行動し、判断しているのは主人公（主人公視座）なわけです。

3の3　日本語の一人称書き言葉における視座Ⅱ（回想型）

次に、a視座の**回想型**一人称の例として、島木健作著『赤蛙』を見ていきましょう。学校で書く作文や自叙伝など私たちが書く文章の多くはこの形になります。

以下の場面は、修善寺に療養に行った「私」が、散歩の帰りに川沿いの平らな石に腰をおろして休んでいる時、赤蛙を発見する第9～11段落です。

主人公の行動①、見たもの⑧⑨⑩⑫⑯⑲⑳、判断・認識②③④⑤⑥⑦⑪⑬⑭⑮⑰⑱で描かれていますが、主人公自身の回想の形で書かれているので過去時制が使われ、「私」が「行動を表わす文」を中心に使われています。

> ①ぼんやり見てゐた**私**はその時、その中洲の上にふと一つの生き物を発見した。②はじめは土塊だとさへ思はなかつたのだが、のろのろとそれが動きだしたので、気がついたのである。③気をとめて見るとそれは赤蛙だつた。④赤蛙としてもずゐぶん大きい方にちがひない、ヒキガヘルの小ぶりなのぐらゐはあつた。⑤秋の陽に背なかを

干してゐたのかも知れない。⑥しかし背なかは水に濡れてゐるやうで、その赤褐色はかなりあざやかだつた。⑦それが重さうに尻をあげて、ゆつくりゆつくり向うの流れの方に歩いて行くのだつた。⑧赤蛙は洲の岸まで来た。⑨彼はそこでとまつた。⑩一休止したと思ふと、彼はざんぶとばかり、その浅いが速い流れのなかに飛びこんだ。⑪それはいかにもざんぶとばかりといふにふさはしい飛び込み方だつた。⑫いかにも跳躍力のありさうな長い後肢が、土か空間かを目にもとまらぬ速さで蹴つてピンと一直線に張つたと見ると、もう流れのかなり先へ飛び込んでゐた。⑬さつきのあの尻の重さうな、のろのろとした、ダルな感じからはおよそかけはなれたものであつた。⑭**私**は目のさめるやうな気持だつた。⑮遠道に疲れたその時の貧血的な気分ばかりではなく、この数日来の晴ればれしない気分のなかに、新鮮な風穴が通つたやうな感じだつた。⑯赤蛙は一生懸命に泳いで行く。⑰彼は向う岸に渡らうとしてゐるのだ。⑱川幅はさほどでもないのだが、しかし先に言つたやうに流れは速い。⑲その流れに逆らふやうにして頭を突つ込んで泳いで行く赤蛙はまん中頃の水勢の一番強いらしい所まで行くと、見る見る押し流されてしまつた。⑳流されながらちよつともがくやうに身振りをしたかと思ふと、それは一瞬、私の視野から消えてしまつた。

一人称フィクションですから、主人公が語り手であることは**イマ・ココ型**と同じですが、**回想型**であるので基本的に過去時制で書かれています。また、「私」が〈判断・認識の文〉の一部と〈行動を表わす文〉に使われています。先にも述べたように〈見たものの叙述文〉では、描かれるのが「見たもの」ですから見ている話者自身は出現しません。動作動詞述語文のうちで、「私は」で始まっているのが〈主人公の行動の回想〉ということになります。『草枕』の時と同様に、文の種類ごとに語り手の位置（視座）と例文を見ていくと、**表2**のようになります。

表2『赤蛙』の視座と例文

文の種類	視座（語り手＝主人公）	例文
判断・認識の文	a. 表現時視座	③気をとめて見るとそれは赤蛙**だつた**。 ⑭私は目のさめるやうな気持**だつた**。
	b. 事態時視座	⑰彼は向う岸に渡らうとしてゐるのだ。 ⑱川幅はさほどでもないのだが、しかし先に言つたやうに流れは速い。
出来事（見たものの叙述）の文	a. 表現時視座	ⓕ事実にはかに薄暗くなつても来て**ゐた**。
	b. 事態時視座	⑯赤蛙は一生懸命に泳いで行く。 ⑨彼はそこでとまつた。

主人公の行動の文	
a．表現時視座	①ぼんやり見てゐた私は**その時**、その中洲の上にふと一つの生き物を発見し**た**。
b．事態時視座	ⓖ寝つきりに寝つくやうになる少し前に修善寺へ行つ**た**。 ⓗ私は思はず眼を見張つた。 ⓘ私は流れに沿うて小走りに走つた。

＊（f）〜（i）は、同作品の□以外の部分からとった。
＊＊a．b．はP98の**図2**参照。
＊＊＊例文の太字は表題時視座を示す表現。

〈判断・認識の文〉では、以下の③a．b．を比較するとわかるように判断・認識を示す語（この場合「だ」）の後ろに付く「タ」は、「だ」の判断が表現時より前であることを示します。すなわち、判断・認識を示す語より後に「タ」が付いたものが表現時、③b．のように判断を示す語が現在形であるものが事態時ということになります。

③a．気をとめて見るとそれは赤蛙**だつた**。
b．気をとめて見るとそれは赤蛙**だ**。

〈見たものの叙述文〉や**〈主人公の行動の回想文〉**でも、「テイル」という状態化辞の後ろに付いた「タ」は、その状態を知覚したり経験したりしたのが、表現時より前であることを示します。すなわち、以下の（f）のb．c．は事態時に立って述べているのですが（f）a．は「暗くなっても来ている」と感じたのが過去であることを示していて、表現時視座です（注3）。

（f）a．事実にはかに薄暗くなつても来てゐた。
b．事実にはかに薄暗くなつても来た。
c．事実にはかに薄暗くなつても来ている。

①の「その時」のようなdeicticな（注4参照）指示語も表現時（臨場していないこと）を示します。

〈主人公の行動の文〉はすべて回想になりますから、タ形で終わります。「一人称は」が主語で、文末がタ形で終わるのが〈主人公の行動の回想文〉です。しかし、（g）は主人公の動作を表わす文ですがゼロ表示です。（g）は、作品の冒頭の文で、筆者は作品の冒頭の文で一人称回想という語りのスタンスを明らかにしています（注4）。回想ですから図2a．b．のどちらの視座も取れるわけですが、作者はゼロ表示から始めることで作中へ読者を引き込む修辞的効果を狙っていると見られます。

注3 （「テイル」の付かない動詞の場合は、瞬間的に終わる動作を表す動詞（瞬間動詞）についた「タ」は「完了」の意味になるので、「⑨彼はそこでとまった」のように瞬間動詞に「タ」がついた場合、「タ」があっても事態時になります）

注4 「φ寝つきりに寝つくやうになる少し前に修善寺へ行つた。」と、「行く」という deictic な（話者との位置関係・方向性・時間関係を示す）機能のある語と「タ」を使い、主体ゼロφで始めることで、ココと修善寺が別の場所であること（行く）、そして語り手の回想（φ・タ）として物語が語られることを示しています。ちなみに『草枕』の場合、「φ「おい」と声を掛けたが返事がない。」と主体ゼロφと現在形で始めることで、「イマ・ココ型の一人称」の形で語られることを示しています。

3の4　日本語の三人称小説における視座

次に三人称フィクションの視座について考えてみます。今まで見てきた一人称で自分のことを書いている文は、表現時のイマ・ココで語っているか、事態時に視座を移して語っているか、の違いはありましたが、語り手は常に一人称の人物でした（語り手＝主人公）。ところが、三人称フィクションということは、語り手と主人公は別人物ですから、基本的には表現時の語り手が事態時の主人公のことを書いていくはずです。けれども、これまで見てきた一人称書き言葉でもそうであったように、語り手自身が事態時へ視座を移して語ることもできるわけです。また、主人公の立場に視座を置いて語ることもあります。そこで、三人称小説の視座は、以下の**表3**のようになります。三人称小説では語り手は物語世界の外の人物ですから物語の中で行動することはなく、〈一人称の行動の文〉はありません。

表3　三人称小説の視座

文の種類	視座の位置
【A】判断・認識の文	【ア】語り手視座―表現時視座【1】 　　　　　　　　―事態時視座【2】 【イ】主人公視座―事態時視座【2】
【B】出来事（見たものの叙述）の文	【ア】語り手視座―表現時視座【1】 　　　　　　　　―事態時視座【2】 【イ】主人公視座―事態時視座【2】

では、太宰治著『走れメロス』で、それぞれの視座とそれを示す表現を見ていきましょう。『走れメロス』には、会話を省くと２９９の地の文があります。クライマックスのメロスが刑場に駆け込む直前の場面を取り上げます。例文は会話部分も含めて挙げてありますが、会話は主体が代わるので、地の文についてのみ番号を振って検討します。

①メロスは、いまは、ほとんど全裸体であった。②呼吸も出来ず、二度、三度、口から血が噴き出た。❸見える。❹はるか向うに小さく、シラクスの市の塔楼が見える。❺塔楼は、夕陽を受けてきらきら光っている。「ああ、メロス様。」❻うめくような声が、風と共に聞えた。「誰だ。」⑦メロスは走りながら尋ねた。「フィロストラトスでございます。貴方のお友達セリヌンティウス様の弟子でございます。」⑧その若い石工も、メロスの後について走りながら叫んだ。「もう、駄目でございます。むだでございます。走るのは、やめて下さい。もう、あの方をお助けになることは出来ません。」「いや、まだ陽は沈まぬ。」「ちょうど今、あの方が死刑になるところです。ああ、あなたは遅かった。おうらみ申します。ほんの少し、もうちょっとでも、早かったなら！」「いや、まだ陽は沈まぬ。」⑨メロスは胸の張り裂ける思いで、赤く大きい夕陽ばかりを見つめていた。❿走るより他は無い。「やめて下さい。走るのは、やめて下さい。いまはご自分のお命が大事です。あの方は、あなたを信じて居りました。刑場に引き出されても、平気でいました。王様が、さんざんあの方をからかっても、メロスは来ます、とだけ答え、強い信念を持ちつづけている様子でございました。」「それだから、走るのだ。信じられているから走るのだ。間に合う、間に合わぬは問題でな

いのだ。人の命も問題でないのだ。私は、なんだか、もっと恐ろしく大きいものの為に走っているのだ。ついて来い！ フィロストラトス。」「ああ、あなたは気が狂ったか。それでは、うんと走るがいい。ひょっとしたら、間に合わぬものでもない。走るがいい。」⓫言うにや及ぶ。⓬まだ陽は沈まぬ。⑬最後の死力を尽して、メロスは走った。⑭メロスの頭は、からっぽだ。⑮何一つ考えていない。⑯ただ、わけのわからぬ大きな力にひきずられて走った。⑰陽は、ゆらゆら地平線に没し、まさに最後の一片の残光も、消えようとした時、メロスは疾風の如く刑場に突入した。⓲間に合った。

語り手の判断認識①⑭⑮、メロス（主人公）の判断認識⓾⓫⓬⓲、語り手の見たものの叙述②⑦⑧⑨⑬⑯⑰、メロスの見たものの叙述❸❹❺❻となっています。

以下表3に沿って【A】か【B】か、【ア】か【イ】か、【1】か【2】かを示す表現を見ていくこととします。

〈判断・認識【A】か見たものの叙述【B】か〉

【B】〈見たものの叙述〉というのは、実際の出来事を描く文で「ある時ある場所で起こったことを語っている文」です。主として動作動詞で終わっています。【A】判断・認識の文というのは、話者の判断・認識を示している文で、ダ・デアルで終わる文やダロウ・ヨウ・ラシイ・タイなどの助動詞がつく文、疑問（なかったか）・否定（居られぬ）・命令（急げ）・依頼（信じてくれ）・禁止（おくれてはならぬ）・挨拶（ありがとう）・呼びかけ（メロスよ）などの文、情意形容詞文（情けない）、ゾのつく文（私も死ぬぞ）、可能動詞（歩ける）や意志を表す動詞のル形（行こう）、のほか判断の意を含む動詞（間に合う）など多様な文末の形があります。

いずれにしても、【A】判断・認識か【B】見たものの叙述かは、文末で区別されると言ってよいでしょう。

〈語り手視座【ア】か主人公視座【イ】か〉

『走れメロス』では主人公が「メロス」あるいは「彼」と三人称で表現されている場合と、「私」もしくはゼロ（φ）表示の場合とがあります。三人称表現（メロス、彼）は他者として主人公が見えているわけですから【ア】語り手視座です。「私」もしくはゼロ（φ）の場合は【イ】主人公視座で描かれているため、「私」を使うかゼロ（φ）表示（私に私は見えないので表現されない）になっているわけです（注5）。〈判断・認識の文〉は、話し言葉では語り手の判断・認識を示しますが、書き言葉では主人公の内言（心の中の声）が埋め込まれた【イ】主人公視座の文もあります。

注5　日本語では「…は」と提題された場合、その題目はピリオドを越えて次の題目が提示されるまで効力を持つので、その文に主人公が出ていなくても前文の「メロスは」を引き続きうけている場合もあります。これはゼロ（φ）とは区別し、前文と同じ主人公表示とみます。

〈表現時【1】か事態時【2】か〉

主人公の視座で語られる場合は【2】事態時の表現しかありませんが（注6）、語り手視座の場合は、【1】表現時視座の場合と、【2】事態時視座の場合があります。〈判断・認識の文〉では、①のように「認識を表す部分より後ろに付いたタ」が【1】表現時視座を示しますが、〈見たものを描く文〉では「タ」は知覚時での完了・未完了を表すので目印になりません。「今」「明日」「ここ」と「その時」「翌日」「そこ」などのダイクシスが判断材料となる他は、話の内容による判断になります。したがって、どちらともとれる文もあるわけです（注7）。⑨は状態化辞「テイル」の後ろに「タ」があるので表現時と見ます。その他はどちらとも取れますが、②⑬⑯⑰は完了の「タ」と見て事態時と考えた方が鮮やかでしょう。

それぞれの視座の例文を挙げると表4のようになります。

注6　作品内に回想を含むもの（のちに扱う『トロッコ』など）については、表現時主人公視座というか第二事態時もありますが、『走れメロス』にはこうした形はありません。

注7　【ア】語り手視座と【イ】主人公視座の区別も、主人公でない第三者の行動を描く文などを中心にどちらともとれる文があります。

表4 『走れメロス』の視座と例文

文の種類	視座の位置	例文
【A】判断・認識の文	【ア】語り手視座―表現時視座【1】	メロスは、単純な男**であった**。
	―事態時視座【2】	メロスの頭はからっぽだ。
	【イ】主人公視座―事態時視座【2】	私を待っている人があるのだ。
【B】出来事（見たものの叙述）の文	【ア】語り手視座―表現時視座【1】	聞いて、メロスは激怒した。
	―事態時視座【2】	**今は**メロスも覚悟した。
	【イ】主人公視座―事態時視座【2】	ああ、陽が沈む。（φ）

＊例文の傍線は【ア】語り手視座か【イ】主人公視座かを示す表現。
＊＊太字は【1】表現時か【2】事態時かを示す表現。

『走れメロス』における日本語文の視座の在り方は、図3のようにa. b. c.の三種類になります。

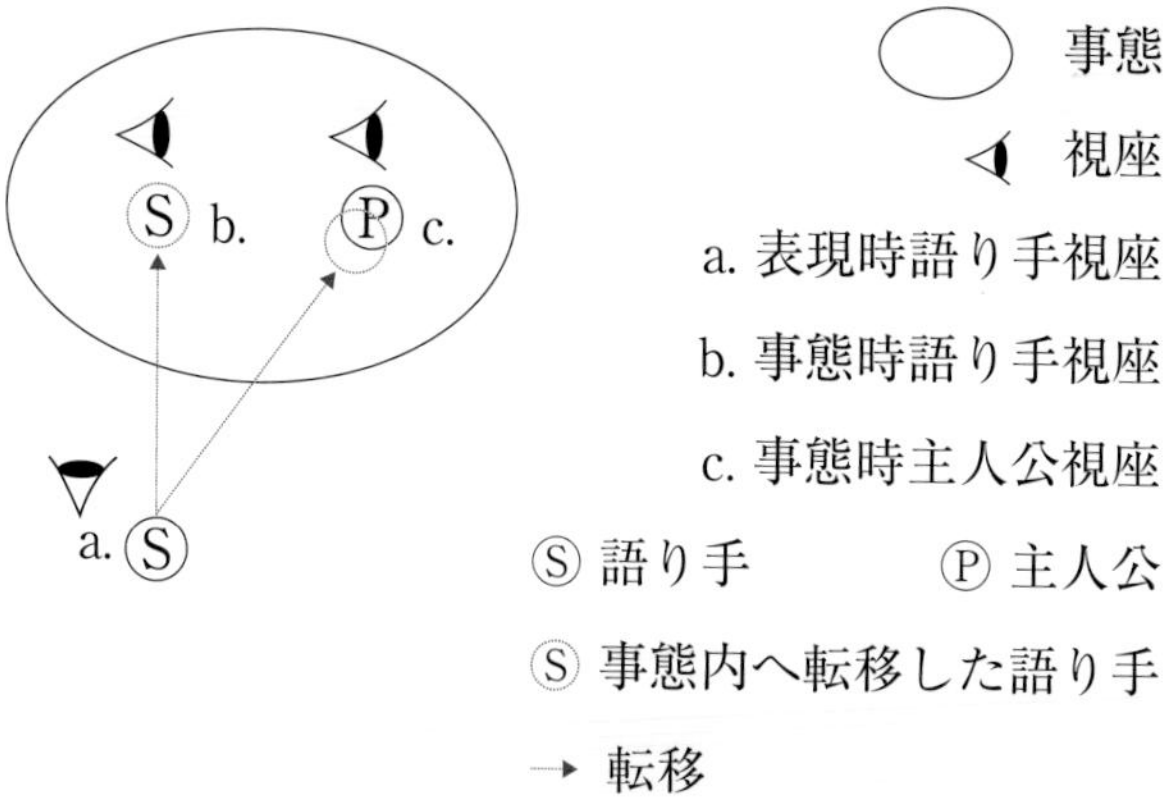

図3　三人称小説『走れメロス』の視座

3の5　二つ以上の事態時をもつ作品

次に、作品の中に回想を含む、つまり第二事態時のある作品として芥川龍之介の『トロッコ』を取り上げます。第二事態時というのは、普通は『草枕』で出てきたように、作品の主たる事態の中で一部分に回想が出てくるものです。ところが、『トロッコ』では作品の主たる事態全体が、回想になっているのです。

『トロッコ』の冒頭の部分の視座の在り方を調べてみると、次のようになります。（a）（b）（c）はそれぞれ図3のa. b. c.を表します。

① 小田原熱海間に、軽便鉄道敷設の工事が始まったのは、良平の八つの年だった。（a）② 良平は毎日村外れへ、その工事を見物に行った。（b）③工事を——といったところが、唯トロッコで土を運搬する——それが面白さに（Rは）見に行ったのである。（b）

④トロッコの上には土工が二人、土を積んだ後に佇んでいる。（c）⑤トロッコは山を下るのだから、人手を借りずに走って来る。（c）⑥煽るように車台が動いたり、土工の袢天の裾がひらついたり、細い線路がしなったり（c）——良平はそんなけしきを眺めながら、土工になりたいと思う事がある。（b）⑦せめては一度でも土工と一しょに、トロッコへ乗りたいと思う事もある。（b）⑧トロッコは村外れの平地へ来ると、自然と其処に止まってしまう。（c）⑨と同時に土工たちは、身軽にトロッコを飛び降りるが早いか、その線路の終点へ車の土をぶちまける。（c）⑩それから今度はトロッコを押し押し、もと来た山の方へ登り始める。（c）⑪良平はその時乗れないまでも、押す事さえ出来たらと思うのである。（b）

⑫或夕方、——それは二月の初旬だった。（a／d）⑬良平は二つ下の弟や、弟と同じ年の隣の子供と、トロッコの置いてある村外れへ行った。（a／d）⑭トロッコ

は泥だらけになったまま、薄明るい中に並んでいる。（c）⑮が、その外は何処を見ても、土工たちの姿は見えなかった。（d）

（中略）

其処には古い印袢天に、季節外れの麦藁帽をかぶった、背の高い土工が佇んでいる。――そう云う姿が目にはいった時、良平は年下の二人と一しょに、もう五六間逃げ出していた。――それぎり良平は使の帰りに、人気のない工事場のトロッコを見ても、二度と乗って見ようと思った事はない。唯その時の土工の姿は、今でも良平の頭の何処かに、はっきりした記憶を残している。薄明りの中に仄めいた、小さい黄色の麦藁帽、――しかしその記憶さえも、年毎に色彩は薄れるらしい。

初めの二段落は、『走れメロス』と同様に図3 a. b. c.の視点の使い分けで書かれています。ところが、「或夕方、――それは二月の初旬だった。」で始まる第3段落以下では、回想する主人公の視座に語り手が立つ、言わばP121の図3にP98の図2の回想型一人称フィクションの視点を加えた図4のような視座の取り方になってきます。「良平は」と主人公に三人称が使われて語り手の視座a.のように思われるのですが、主人公の知覚（「土工

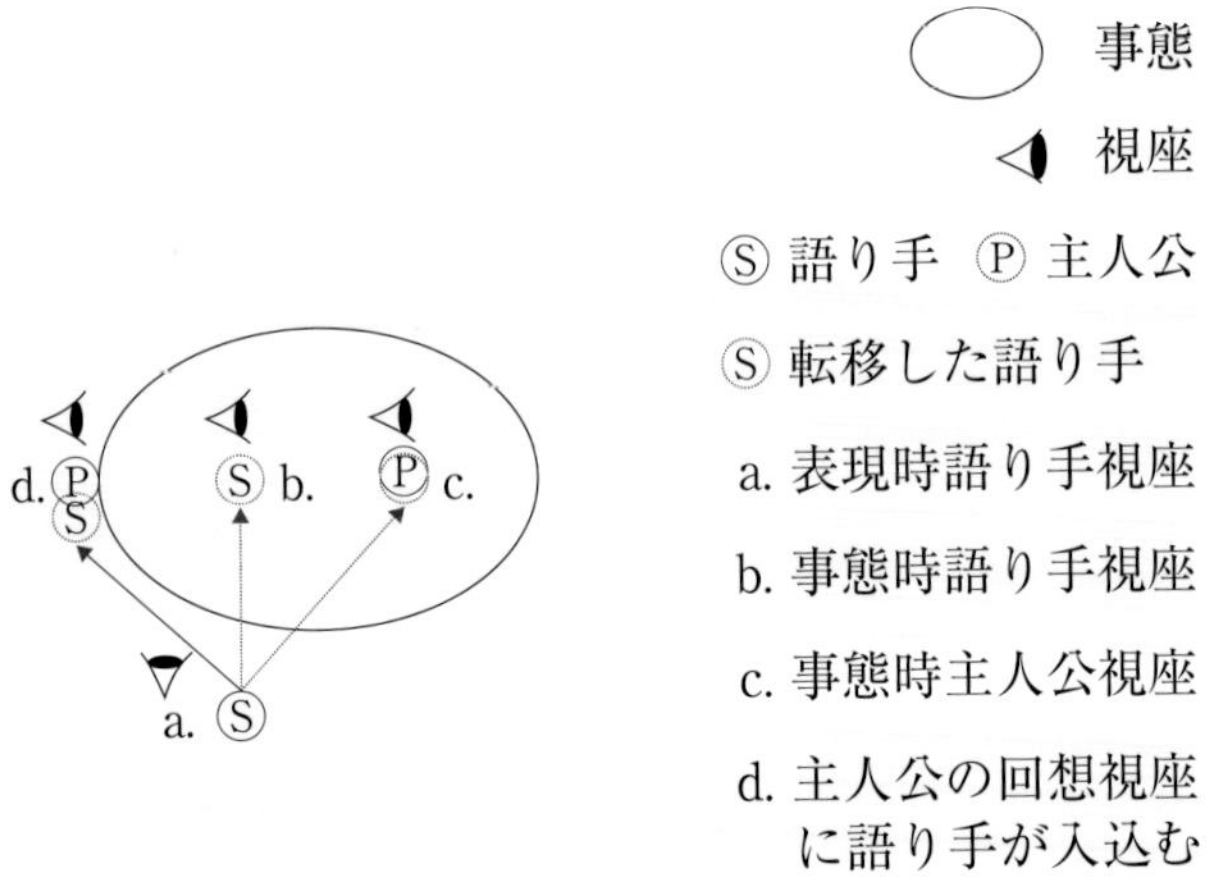

図４　『トロッコ』の視座

たちの姿は見えなかった」）や思いが回想と言った趣で過去形で語られています。すなわち、図４のd.のような視座が現れるのです。

『トロッコ』は、作品最後の部分で次の枠内のように成人した主人公の「今」が語られ、幼い時の良平の体験は、言わば良平の回想のようなものとして書かれているわけです。

　この時間関係を図に表わすと図５のようになります。作品の主要部である〈トロッコの体験〉は回想する〈今の良平〉の視座に〈語り手〉が重ねあわされたような形で描かれ、最終段落でそのことが明示される、ということです。そのために、回想にあた

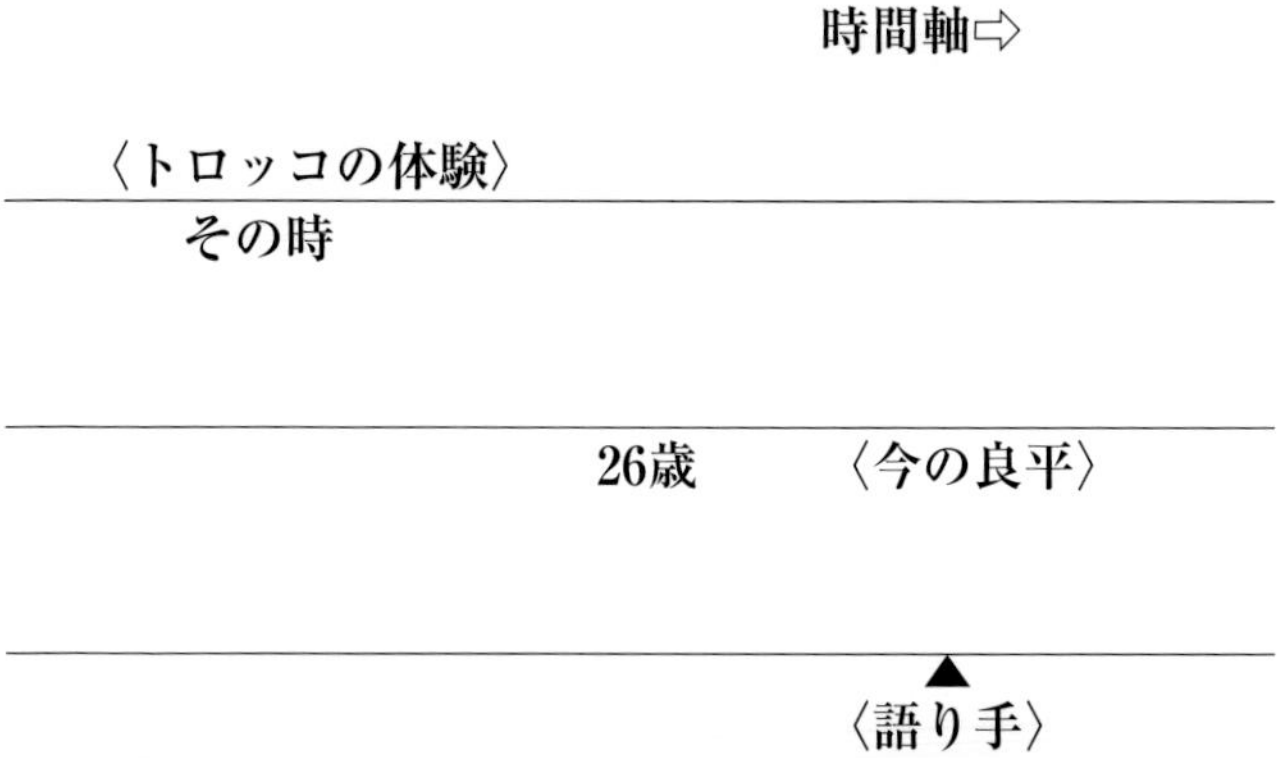

図５　『トロッコ』の時の流れと主体

る主要なエピソードは「良平」という三人称表示で描かれていますが、良平の知覚・思いがそのまま表現されているのです。

> 良平は二十六の年、妻子と一しょに東京へ出て来た。今では或雑誌社の二階に、校正の朱筆を握っているが、彼はどうかすると、全然何の理由もないのに、その時の彼を思い出す事がある。全然何の理由もないのに？――
> 　塵労に疲れた彼の前には今でもやはりその時のように、薄暗い藪や坂のある路が、細細と一すじ断続している。……………

『トロッコ』の文の在り方を表１、２、４と同じようにまとめてみると、**表5**のようになります。

表5　『トロッコ』の文の在り方

文の種類	認知主体の転移した位置		例文
【A】判断・認識の文	【ア】語り手視座	表現時視座【1】	①小田原熱海間に、軽便鉄道敷設の工事が始まったのは、良平の八つの年**だった**。
		事態時視座【2】	⑪良平はその時乗れないまでも、押す事さえ出来たらと思うのである。
	【イ】主人公視座	表現時視座【1】	ⓙこのトロッコを押してゐるのは、二人とも若い男**だつた**。
		事態時視座【2】	ⓚどうかすれば車と一しよに、押し戻されさうにもなる事がある。

【B】見たものの叙述の文		
【ア】語り手視座	表現時視座【1】	①良平は車に手をかけてゐても、心は外の事を考へてゐ**た**。
	事態時視座【2】	ⓜ良平はもう好いと思ったから、年下の二人に合図をした。
【イ】主人公視座	表現時視座【1】	⑮が、その外は何処を見ても、土工たちの姿は見えなかっ**た**。
	事態時視座【2】	④トロッコの上には土工が二人、土を積んだ後に佇んでいる。

＊例文の傍線は【ア】語り手視座か【イ】主人公視座かを示す表現。
＊＊太字は【1】表現時か【2】事態時かを示す表現。
＊＊＊①〜⑮はP122の例文内の番号。（j）〜（m）は、「トロッコ」の他の部分から取った。

『走れメロス』と違うところは、（j）⑮のように主人公視座に表現時視座と見られるものがあることです。これは、『トロッコ』が、表現時と同じ時点に第二事態時を置く特殊な構成をもっているためと言えます。

このように、日本語で書かれた小説では、作者は、どの時点の誰がどういう文として語っているか、を様々な表現を駆使して表そうとしています（注8）。朗読という声による作品演奏をする場合、その作者の意図を汲んで表現していくことが必要です。

注8　欧米語でも、小説（フィクション）の場合、主人公の内面を描く手法として、自由直接話法という話法を使うなどの工夫をしています。

第四章　21世紀の言語世界構築へ向けて

（1）日本語という言語

第三章の（3）で、日本語にとって視座というものがどういうものか、日本語話者がどのように出来事をとらえ言語化しようとしているか、を書き言葉について見てきました。その捉え方は、3の1の図1、2で見たように、英語など欧米語のものの見方とはかなり違ったものになっています。日本語が特別だという事ではなく、欧米語（専門的にはインド・ヨーロッパ語族というのですが）以外で、言語についての研究が一番進んでいるのが、現在のところ日本語であるというだけで、これから様々な言語の研究が進めば、いろいろな物事のとらえ方や言語化の仕方を持つ言語が明らかになることと思います（注9）。しかし、少なくとも日本語と欧米語はかなり異なる視座のとり方をしています。そして、このことは相手の発話を理解するやり方にも違いを生み出しています。その点を、少し考えてみたいと思います。

注9　もちろん母語話者以外による研究はいろいろな言語について進んでいます。でも、何をどう感じて言語化しているかというような微妙な認知状況は母語話者による研究がなされないとなかなか正確には難しいと思われます。

（2）共感で理解する言語　因果関係で理解する言語

欧米語では、話者がいったん事態を離れて外から客観的に言語化するので、聞き手も客観的に外のこととして事態を言語から理解しようとし、理解したものが同じであることを確認することが合意成立の基盤となります。もし言語化された事態把握に「ずれ」があれば、なぜずれているのかを検討していく中で「一致点」を見つけることができるわけです。事態の捉え方の違いは主として因果関係の捉え方の違いによって現れます。英語が日本語に比べて因果関係にこだわるのはこういった事情も関係しているのではないでしょうか（注10）。

それに対して、イマ・ココの「私」のまま物事を見る日本語における理解はどのようになされるのかというと、話者は、先に述べたように自在な視座をとるので、このような表現を理解するには、その視座（つまりゼロ表示のゼロ地点）を見定めることが大切になります。そのうえで聞き手もその視座に身を置き、話者と同じことを同じように（想像上）体験することで理解が成立するのです。欧米語が、主として因果関係の見方をすり合わせることによって、共通理解を成立させようとするのに対して、日本語の理解の中心は、認知主体と同じことを擬似体験することによって体験的に話者の思いを理解しようとするものです。日本人はしばしば「気持ちはわかるけれど…」と言ったりもするように、まず話者の思いを理解した上で、もう少し広い視野から話者の意見や行動の是非を判断します。英語話者は、因果関係をすり合わせているので、違うと思うことがあった場合すぐ「それは違う」と言ってもらいたいわけですが、「ウンウン」とまず聞いて相手の立場を（擬似体験して）理解し、そうではない見方もできると思った場合、「でもね…」と反論を始めるのが日本語話者の聞き方なのです。この理解手順のずれは英語話者と日本語話者のコミュニケーション場面でよく問題になる事なのです。

つまり日本語の受け手は、常にゼロ表示地点に身を置き話者の思いを理解しようとするので、日本語ではゼロ地点の表示が重要な意味を持っているわけです。

宇野・池上（２００２）(注11)という興味深い論文があります。その中で、「(私は）雪に感動した。」と「私」を表示すると、聞き手の志向性は〈感動した話者そのもの〉に向けられてしまう、むしろ話者の志向性の向かう先の対象である「雪」とだけ述べることで、聞き手も話者と同じ方向つまり眼前の雪に志向性を向けることになり、志向性がそろえられる、と語られています。つまり、「(私は)雪に感動した」という言葉を受け取った聞き手は、「感動している話者」をイメージするのです。話者のイメージではなく、雪を知覚した感動そのものを共有してもらうには「雪!」と雪そのものに目を向けてもらう、つまり話者と同じ立ち位置に視座を置いてもらうことが必要なのです。日本語に見たままを述べる現象文・体験文と言われるようなものが多いのにはこうした理由があるわけです。

日本語には、ゼロ地点を示すさまざまな表現が、各品詞にわたって広く存在していて、話者の立場を追体験する共感的理解を支えていると見られます。

注10　池上嘉彦『英語の感覚　日本語の感覚』(NHKブックス　2006年)には、英語話者の表現の好みのひとつとして、事態の起因への言及指向があげられています。

注11　宇野良子・池上高志「ジョイント・アテンション/予測と言語志向性を揃えるメカニズム」『認知言語学論考No2』(ひつじ書房　2002年)

（3）地球市民の日本語話者として

前節で述べたように、日本語と欧米語は、その言語理解の手順に根本的な違いがあります。これはそれぞれの言語の在り方の違いによるものです。どちらが良いとか進んでいるとかいうことではなく、場面場面でそれぞれの良いところを生かしていけばいいことなのです。

私がこのように考えるようになった一つのきっかけは、日本語に関するあるシンポジウムで、飯場のおじさんたちから日本語を学んだというフランス人の若い技師さんが、フランス語では表現できない自分の気持ちを日本語では言えることに気づいたと語っているのを聞いたことにあります。逆に、日本の子供たちに英語を教えていて、子供たちが質問に答えるとき、「yes でも no でもない半分だ」みたいなことを言い出すことが多く、「ダメ。英語に半分はない、どっちかにしなさい」と言ったことが何度かありました。実際には、"No, but…" と条件をつけることは可能なのでしょうが、とりあえず yes か no かどちらかを言う必要があるように思います。

このような発想や手順の違いを知っていることが、相互理解の一助となる場合もあるはずです。グローバルな交流が日常的になってきた今日、我々は、こうしたそれぞれの言語の特徴というものに、もっと自覚的になるべきであると考えます。

政治や経済の世界で国際的に活躍している方々はもちろんのこと、街で母語の違う方々と接する機会はいまや日本人の多くが持っています。そうした場面でのコミュニケーションを円滑にするためにも、(いろいろな外国語について知ることは難しくても)少なくとも日本語の特徴、その長所短所というか、その言語としての可能性と限界を自覚できるような国語教育が必要であると感じています。そうして、世界の多くの国でそれぞれの母語についてこのような教育が行われれば、異文化理解や異言語母語話者とのコミュニケーションが少ししやすくなるのではないかと思うのです。

交通や情報伝達手段の発達によって、ますます多様な言語話者との交流が増え、地球市民としての自覚が必要とされるこれからの世界を生きる世代に、このような国語教育を届けたいというのが、筆者の切なる願いです。

あとがき

私たちが日常的にそれを使ってものを考え、伝え合っている日本語という言葉が、どういうものであるか、少しわかっていただけたでしょうか。

第一章と第二章以下とで、かなり違うテイストになってしまったかもしれませんが、いずれも日本語を書いたり、日本語で書かれたものを声で表現したりするときに大切なことを知っていただきたいとの思いで書いてきました。

小学生のお教室は平成24年度をもって終了しました。指導者の方々には、ここに挙げた指導をヒントとして、それぞれ目の前の子供の状況にあったやり方を開発していただければと思っています。小学生に指導してきたことには、一般の大人の方々も日本語を書くとき意識しておいた方が良いことが、たくさん含まれていたはずです。また、話し言葉と書き言葉の違いも、朗読という声で表現することに関わっている方だけでなく、多くの方に知っておいていただきたいと思って書きました。最新の認知言語学の知見を含み、少し理解しにくいこともあったかと思いますが、細部はそれぞれの必要に応じて理解していただければよく、大筋日本語にはこういうことがあるんだ、と頭に留めていただければ十分です。

本書は、国語教育に40年（中学校で10年、小学生に30年）、日本語教育に25年関わる中で知り得たこと・考えたことをまとめました。また、長年朗読をご指導いただきました杉澤陽太郎先生はじめＮＨＫ日本語センターの諸先生方、昭和女子大学で認知言語学をご指導くださいました池上嘉彦先生のお導きがあってできたものです。最後になりましたが、先生方に深く感謝申し上げつつ筆を置きます。

島　映子

一部、連絡がつかず、許可をいただかないまま掲載した作文がございます。心あたりのある方は、文芸社までご連絡ください。

著者プロフィール

島 映子（しま えいこ）

東京教育大学教育学部卒業。東京都の公立中学校に10年勤務。その後、小学生を中心に、国語実技を自宅教室、通信添削、出張１日セミナーなどで指導。外国人への日本語教育や学校でのボランティア朗読などの活動も行ってきた。文学（言語学）博士。

著書『朗読上手は　味わい上手』（2001年 文芸社刊）『やってみて学ぶ伝え合うということ』（2007年 文芸社ビジュアルアート刊）

日本語を書くということ
声にして読むということ

2020年４月15日　初版第１刷発行

著　者　島 映子
発行者　瓜谷 綱延
発行所　株式会社文芸社
〒160-0022 東京都新宿区新宿１－10－１
電話 03-5369-3060（代表）
03-5369-2299（販売）

印刷所　図書印刷株式会社

ISBN978-4-286-21385-9